빛깔있는 책들 ●●●
279

제주 해녀

글 | 좌혜경   사진 | 서재철

대원사

제주 해녀

저자 소개

글 | 좌혜경

중앙대학교 문학박사, 제주대학교 국어교육과 출강,
해녀문화전승보존위원회 위원, 제주도 문화재 위원
등 역임. 해녀박물관에서 연구 개발을 담당하였으며,
현재 제주발전연구원 제주학연구센터 전문 연구위원
으로 활발히 활동하고 있다.
저서로는 『제주 해녀와 일본의 아마』, 『제주 해녀의 생
업과 문화』, 『제주 해녀 사료집』, 『제주 해녀 노래집 :
이어이어이어도사나』, 『제주 민요를 지키는 명창들』
등이 있다.

사진 | 서재철

제주 출생으로, 《제주신문》 사진부장과 《제민일보》
편집부국장을 지냈다. 표선면 가시리에 있는 '자연사
랑미술관' 관장으로, '제주는 그저 아름다울 따름이
다'를 주제로 전시관을 운영하고 있다.
한국기자상(1979, 1994), 서울언론인상, 송하언론상,
현대사진문화상, 대한사진문화상, 덕산문화상 등을
수상하였다.
저서로는 『제주 해녀』· 『한라산』· 『바람의 고향, 오
름』 등이 있으며, 전시회는 〈한라산의 노루가족(제
주·서울)〉· 〈기억 속의 제주 포구전〉· 〈나무와 돌
이 함께한 세월〉 등을 가졌다.

차 례

제주의 어머니 '해녀'를 찾아서

여신이 돌보는 자연과 인간이 공존하는 섬 제주도는 늘 대양 한가운데 떠서 빛을 발하고 있다. 거기에 살아가는 사람들의 상상력 소산으로 만들어진 유·무형 문화유산은 이 섬의 색깔을 그대로 보여 주기에 충분하다.

삶과 죽음의 세계를 넘나들며 바다와 육지가 공존하는 섬을 지킨 사람들은 늘 이어도와 같은 낙원을 꿈꿨고, 유토피아의 이상적인 섬을 동경했는지 모른다. 그러나 검푸른 한라산의 음영과 함께 태평양의 바다는 거칠고 짙다.

'제주의 어머니'와도 같은 해녀들은 자신들의 집 마당처럼 넘실거리는 바다를 줄곧 드나들었다. 그뿐만 아니라 근대기에 우리나라 본토나 일본, 중국, 러시아의 블라디보스토크로 가서 바다 어장을 개척했고, 출향 물질을 통해서 번 돈은 제주 사회와 가정 경제에 중요한 밑받침이 되곤 했다.

물속에서 무호흡으로 기계 장치 없이 생산 활동에 참여하여 죽음을 의식하며 인간의 한계 의지를 넘어서야 하는 작업 특성상, 해녀들은 늘 '강인하고 근면한 여성'의 상징이 되었다. 그래서 생겨난 말이 "저승엣 돈 벌어다 이승엣 자식 먹여 살린다."는 것이다. 모성적 이

전통 복장을 입은 해녀들의 물질 작업

미지를 만들어 낸 해녀들은 다양한 제주 여신들의 이야기처럼 거의 신화 속 주인공과도 같은 존재로 자리했던 것이다.

오래 전부터 제주도는 바람과 돌과 여자가 많다고 해서 '삼다도(三 多島)'라고 불렀다. 그래서 딸을 낳으면 제주도로 보내고, 아들을 낳 으면 서울로 보낸다는 이야기가 전해져 왔다. 아마도 흰 물적삼을 입 고 바다에 뛰어들어 해산물을 채취하는 '해녀'들을 보고 그렇게 전해 졌던 것 같다. 그만큼 제주도에 물질하는 '해녀'가 많다는 뜻이다. 그 러니까 제주 해녀는 한마디로, 제주의 상징적인 존재로 살아왔다.

필자는 제주도 문화재위원을 역임했을 때, 나이 든 해녀들을 만나 서 해녀 노래를 듣고 채집하였다. 〈해녀노래〉는 해녀의 삶이 담겨 있 는 '인생의 한(恨)' 그 자체였다. 그리고 2001년 12월~2002년 12월

사이에 집중적인 면담 조사를 한 적이 있다. 해녀가 부른 〈해녀노래〉
는 자신의 삶 그대로다. 해녀들의 노래는 그침이 없었고, 온종일을
노래할 수 있을 정도로 무궁무진한 삶의 이야기를 생의 후배인 나에
게 들려주었다. 그러면서 노래를 하다가 자신의 지나온 삶에 취해,
노래에 취해 그렇게 울고 만다. 같은 제주 여인으로서 너무나 가슴
뭉클하고 눈물이 쏟아질 것 같았지만 그분들 앞에서 차마 눈물을 보
일 수는 없었다. 그렇게 시간은 흘렀고, 제주 여인의 힘겹고 강인한
삶 그 자체인 '해녀문화'는 신화를 짊어지고 세상 밖으로 나와 '제주
어머니의 상징'이 되었다. 이런 '해녀'가 유네스코 무형문화유산 등재
에 거론되면서 세상에 그 이름이 널리 알려졌고, 해녀들의 생업과 문
화는 '살아 있는 유산(Living Heritage)'으로서 세계 무형유산으로 가
치를 인정받기에 이르렀다.

유네스코 무형문화유산 보호협약(ICH 협약) 제2조에 보면 "무형문
화유산이라 함은 공동체, 집단 및 개인들 문화유산의 관습, 재현, 표
현, 지식과 기술뿐만 아니라 도구, 사물, 공예 및 문화 공간 모두를 의
미한다."라고 정의하고 있다. 해녀문화와 관련해서는 이들의 물질
기술·해녀 도구·해녀 노래와 같은 언어 표현, 바다 공간이나 어촌계
를 이끌어가는 규약이나 관습 등의 생업과 문화가 총체적으로 전승
보존될 수 있음을 직시해야 한다.

해녀문화가 유네스코 무형문화유산으로의 등재에 따른 평가 초점
은 무엇보다도 지속적인 생업으로 생겨난 문화유산에 대한 보호 조
치이다. 그리고 유네스코 무형문화유산에 등재됨이란, 자신들의 문
화재를 보존 전승하겠다는 자국민의 의지 표현임과 동시에 등재된

이후부터는 더욱 큰 의무감과 책임감이 주어진다는 것이다.

'제주 해녀'의 전통문화를 이어가기 위해서는 우선, 작업과 문화 공동체인 어촌계 단위의 해녀들 스스로가 지속적인 생업 문화 보전을 위해 노력해야 한다. 현재, 물질 종사자 40대의 물질 작업이 거의 어려운 상황에서 '사라진다'는 예측이 분명하더라도 손을 놓을 수밖에 없는 상황이 될 수도 있다. 실제로 작업하는 해녀가 존재하지 않고 다만 공연이나 시연의 형태로 전락한다면 그것은 진정한 살아 있는 문화유산으로서의 생명력이 없는 것이나 다름 아니다.

아무리 훌륭한 전통문화일지라도 지속적인 관심과 사랑, 그리고 대책이 없으면 그것은 박제화된 공연에 불과하다. 그런 공연은 겉으로 보기에는 화려하지만 진정성이 결여되어 있어 결국 머지않아 소멸될 것은 뻔한 이치다.

앞으로 '해녀문화'에 대한 전통이 삶 속에서 계속 이어지는 것이 가장 큰 당면 과제일 것이다. 그러기 위해서는 우선 국민적인 관심이 중요하다. 다행히도 그 어느 때보다도 '해녀문화', '해녀학교', '해녀축제' 등 제주 해녀에 대한 관심과 사랑이 지속되고 있다. 정부를 비롯한 제주특별자치도와 국민 모두가 '해녀'에 대한 관심과 사랑을 듬뿍 담아 주시기를 기원한다.

바다에 밀려온 해초를 줍는 노해녀

제주 해녀의 삶과 노래

제주의 여신이 된 '해녀'

제주의 여신들은 바로 제주 여성성을 갖춘 존재들이며, 이들 신화 속의 주인공들은 향유층인 제주민들의 정서, 전통의 집합 속에서 탄생한 신적 인물임과 동시에 제주 땅에서 살아가는 사람들의 상징이며 이상형이었다. 예컨대, 제주 자연과 지형을 완성한 '설문대할망'을 비롯하여 수렵의 문화를 농경문화로 바꾼 송당본향당신 '백주또', 탐라국을 개국한 삼성신과 혼인하기 위해 오곡의 씨앗을 가지고 온 벽랑국의 '세 처녀', 하늘옥황 시아버지의 시험을 거쳐 오곡의 종자를 가지고 온 세경신 '자청비', 눈먼 부모의 눈을 뜨게 하고 집안을 일으켜 세운 '가문장아기' 등은 제주 여신을 대표하는 존재들이다.

이들 모두가 지모신이며 농경신·운명신으로, 제주 섬의 풍요를 담당하던 주인공들이다. 그 중에서도 특히 '자청비'는 사랑의 화신이면서 지혜와 미모를 갖추어 뭇 남성들을 사로잡았으며, 모성성과 대지적인 생산력을 갖춘 적극적이고 활달한 현대적 감각의 소유자였다.

그래서 '자청비'는, 이런 신화를 듣고 생활하던 제주 여성들의 문화 전통 속에서 긍정적 계승의 형태로 남아 제주 여성들의 이상적 존재가 되었던 것이다.

테왁망사리와 호미로 무장한 해녀는 마치 전사와 같다.

제주 해녀들 역시 바다를 터전으로 살아온 제주 어머니의 모성성과 강인함의 이미지가 강인한 생명력의 차원을 넘어서 '여성성'과 '바다'라는 생태 환경적 측면이 강조된 여성생태주의(Eco- Feminism) 면에서 충분히 세계화된, 세계적인 존재로 이슈화될 가능성을 열어 두고 있었다. 또한 반농반어의 전통 생업과 문화의 주체인 공동체를 이끌어 오면서 남성과 더불어 사회나 가정에서 '양성 평등의 모델'이 되기도 했다.

또 제주 해녀들은 해녀 항일운동으로써 역사적으로 빛나는 역할을 담당하여 제주 여성의 자존을 보여 주기도 했다. 일제 강점기 때, 일본 식민지 수탈로 생존권을 위협받게 되자 구좌와 성산 그리고 우도 해녀들이 일제의 착취에 저항하여 생존권 투쟁을 전개했다. 1931~1932년까지 연 인원 1만 7000여 명이 참여한 대소 집회 및 시위 횟수 연 230여 차례의 기록을 남긴 해녀 항일운동은 단지 생존권 수호를 위한 투쟁만이 아닌 일제 식민지에 적극적으로 저항했던 일제 탄압을 규탄한 거국적인 운동이었다는 평가를 받고 있다.

과거의 역사적인 공헌도와 더불어 사선을 넘나들 정도로 고단하고 위험이 수반된 '물질'이라는 작업적 특성, 고령화로 작업 인원수가 줄어든다는 점과 관련하여 다른 직종에 비해서 관심의 대상이 된 것도 사실이다.

지금, 해녀들의 생업과 문화는 살아 있는 유산(Living Heritage)이며, 세계 무형유산으로서의 가치를 인정받기에 이르렀다.

해녀들은 집안 내적인 일보다 밭농사, 바다 물질 등 외적 노동으로 남자 못지않은 역할을 담당해 왔고, 그녀 자신들은 늘 경제적인 주체로

물질로 잡아 온 문어와 젖은 옷 등을 말리는 모습이 정겹다.

잡아 온 문어를 파는 노해녀

성게 까는 해녀를 지키는 흰둥이

서의 인식과 자부심이 있었다. 곧 수동적 자세가 아닌 능동적인 생활로 삶의 주체가 되어 왔기 때문에 제주 여성의 상징적 존재가 되었다.

물속 20m에서 2분간, 물 밖으로 나올 때 잘못해서 시간 착오가 생기면 '물숨'을 먹어 바로 죽음으로 이어지는 위험이 뒤따른다. 그래서 항상 그녀들은 '칠성판을 등에 지고', '혼백상지 머리에 이고'라고 노래하면서 바다에 있는 용왕신에 의지하며 그들만의 신앙 문화를 형성하기도 했다.

어려움을 극복한 여성 담론 중 '남자 없이도 잘 살았다.'라든가 '살 수 있다.'라는 삶의 의지는 스스로 고난을 이겨 내어 자신의 능력을 발휘하고 독립하려는 욕구와 의지와도 상통한다. 시련은 스스로가 선택해서 얻은 것이기는 하지만, 자신의 불완전성을 운명적 차원으로 돌리는 것이 아니라 갈구하거나 이용하고 시험하는 삶의 근성이 나타나고 있다. 이러한 점은 제주 여성의 주체적 독립성을 강조하고, 고난 극복의 의지를 더욱 부각시키곤 했다.

생각해 보면, 소견을 갖고 주체적인 자각과 주관을 확실히 하여 생산 현장에 뛰어들고 시련에 도전할 줄 알며 현실에 대처했던 여신 '자청비'의 능력이, 아마도 제주 해녀들 몸속에 이미 잠재력으로 내재된 상태에서 밖으로 표출되어 신으로 탄생한 것은 아닌가 한다.

물질 수련기[1]

바다로 불어오는 개꼇 바람은 한여름에는 무더운 더위를 싹 실어가

돌담을 배경으로 물질 작업 가는 우도 해녀

지만 겨울에는 사납기가 해녀들의 벗은 몸에 칼을 에는 듯하다. 해녀들은 세찬 해풍과 거친 파도를 맞으며 한평생을 산다. 땅이 거칠어 대부분의 밭농사는 보리·조·콩 이외의 작물은 생각지도 못했고, 바다를 주 생산 무대로 삼아 바위에 돋아 있는 패나 톨(톳) 등은 반찬인 부식거리가 아니라 주식거리가 되었다. 먹을거리가 없는 대부분의 사람들은 바다에 가서 톨이나 패를 캐어다가 밥을 해 먹었다. 톨이나 패를 푹 삶아서 맑은 물에 담그면 붉은 물이 쑥쑥 우러난다. 몇 차례 걸러내고 좁쌀을 넣고서 밥을 하면 그것 역시 별미이다. 오늘날에야 이러한 음식들은 별미지만, 과거 먹을 것이 부족하고 물질 시간에 쫓겼던 제주 해녀들에게 있어서 이런 단촐한 식단은 불가피한 선택에서 나온 산물이었을 것이다. 이러한 척박한 환경에서도 굴하지 않고 불굴의 의지로 살아온 제주 해녀들은 이 시대의 진정한 모험가이며 개척자이다.

해녀는 대부분 15~16세가 될 무렵 물질을 배운다. 그 전까지는 물질을 나간 어머니를 대신해 어린 동생 돌보는 아기업개나 밭일과 집안일을 돕는 것이 제주도 소녀들의 일상이었다. 그렇다고 제주도 여자들이 모두 해녀가 되는 것은 아니다. 사방이 바다인 섬이지만 파도치는 위험한 사지로 딸을 내모는 것이 싫어서 물질을 시키지 않는 부모들도 있었다. 그러기에 해녀는 아무나 할 수 없었으며, 대체로 집안 대대로 전승되는 것이 대부분이었다.

장난감 같은 테왁과 망사리를 들고

집안일을 거드는 어린 딸이나 손녀가 물질할 정도로 성장하면 해녀인 할머니나 어머니는 아주 자그마하고 장난감 같은 테왁과 망사리를 만들어 주었다.

"볼락통에 가서 숨비고 물에 드는 연습을 해 봐라. 물속에 들어가서 돌도 끄집어 내어 보고, 듬북도 끌고 나오고 하면서……."

예비 해녀들은 이 물건을 들고는 얕은 바다로 나가 또래 소녀들과 함께 물장구를 치며 적응기를 거친다. 망사리는 한라산 들판에 지천으로 피어 있는 억새가 완전히 피기 전의 것(미)을 가지고 꼬아서 만드는데, 나일론 끈보다도 훨씬 질기다.

'볼락통'이라는 말은 '볼락'이라는 토종 물고기가 잘 잡히는 얕은 바다이다. 해녀들은 자신들의 물질 경험에 따라서 생산물에 따라 그 바다나 암초에 이름을 붙이고, 자신들의 머리 속에 입력이 돼 있어서 어느 바다 어느 곳에 가면 무슨 해산물이 있다는 것을 자연스럽게 숙지해 나가게 된다. 바다밭이나 여 이름은 자연스레 익혀지고, 집에 누워 있어도 어느 바다의 전복이 꾸물거리는 모습이 눈에 선할 정도가 된다. 예로 들면 구좌읍 행원리 바다밭으로는 미역·솜·성게·문게(문어)·오분자기가 많이 나는 더벵이물, 흰돌코지, 큰여, 노락코지, 오저여, 몰게낭게가 있다. 서쪽편 너븐여, 웃너븐여, 알너븐여, 개굴레, 웃만서여, 섯만서 등에는 고동, 해삼, 성게가 많이 난다. 이 외에도 박꺼문여, 샛꺼문여, 방엣여, 앞바당, 지풍개에는 고동과 해삼이 많이 나고 해산물이 거의 없는 동그랑여도 있다. 해녀 연습생인 소녀들은 친구들과 매일 물에 드는 연습과 물속에서 오래 숨쉬기를 연습한다. 어느 정도 시간이 흐르면 두 발 정도의 바닷물 깊이에 가서 제법 해산물을 채취해 오기도 한다. 물질 기량은 나날이 늘면서 연습생

제주 소녀들은 바닷가 얕은 곳에서 놀면서 바다와 친숙해진다.

해녀들 가슴속에서는 상군 해녀들을 부러워하면서 '나도 할 수 있다'는 자신감이 생겨난다. 나이 든 해녀들은 어린 예비 해녀들에게 늘 이런 말을 들려주곤 한다.

"에 요것들 커서도 흰돌코지밖에까지나 갈 수 있을런가?"

이제야 물질 작업을 배워 펄짝거리는 초보 해녀들에게 하는 말이다.

"바당에서 너희들 대(代)까지도 먹을 것은 벌어먹나, 열심히만 하면 살 수 있어, 부모님 것도 공첫(짓), 형제 것도 공첫이라도 물엣것만큼 공첫인 것은 없다."

그래서인지 바당 싸움을 할 때는 그렇게 가깝게 지내던 이웃마을이라 할지라도 호미로 망사리를 찢으면서 소름 끼칠 정도로 무섭게들 싸운다. 여자들 싸움이라 고성이 오가고, 서로 머리채를 쥐어흔들면서 다시는 생각하기도 싫은 장면들을 연출하는 것이다.

해녀들 대부분은 물속옷과 물적삼, 물수건, 족쇄눈을 쓰고 물속으로 첨벙첨벙 뛰어들었다. 아침 바다의 맑은 공기와 바닷물의 냉기가 온몸을 싸하게 한다. 바다를 보고는 먼저 테왁을 던져서 그것을 짚고서 살그머니 물속으로 기어들어간다.

초보자인 해녀들은 경험 많은 해녀들에 비하면 해산물 채취가 확연히 다르다. 선배 해녀들은 초보 해녀들이 기죽지 않도록 하기 위해 볼품없는 망사리에 슬쩍 부조를 해 주기도 하고, 보는 앞에서 조금 나눠 주기도 한다.

따뜻한 봄날, 바닷가에 나와서 해산물을 채취하기 위해 공동으로 모이는 곳 불턱은 그들의 아픔과 기쁨을 그대로 전달하는 나눔의 장소가 된다.

물질 성숙기

어느 지역, 어느 장소에 가더라도 물질에 자신감이 생기면 두 발 정도 되던 물질이 세 발, 네 발 물속까지 들어가 해산물을 캐올 수 있는 기량을 가질 수 있었다. 물질이 익숙해져 해산물 수확이 늘면 차츰 먼바다로 나가 깊은 바닷속을 드나든다.

푸른 바다에서 테왁에 의지해 몸을 싣고 하는 물질은 자신이 건강하다는 것 외에도, 이 세상에 살아 있다는 증거이기도 했다. 물질을 하다 보면 20~50여 마리의 곰새기(돌고래) 떼와 조우하기도 한다. 그럴 때면 "물알로 물알로"나 "배알로 배알로" 하고 외치면, 돌고래들은 해녀들 물질 작업하는 물 밑으로 잠수하면서 지나간다. 어떻게 저런 미물이 사람의 말소리를 알아듣는 것인지 참 신기하기만 하다.

해녀들은 전날 밤 꾼 꿈으로 다음 날 잡을 해산물을 점치곤 한다. 곧 전복이라도 많이 잡는 것을 '스망인다(행운이 있다.)'고 하는데, 떡을 누가 갖다 주거나 돼지꿈, 상이 나서 베 두건을 쓰고 상복을 입는 꿈은 운이 좋아 해산물을 많이 따게 된다고 한다. 또, 거북이를 보면 용왕의 '말젯딸애기(셋째 딸)'라고 해서 거북이에게 "스망 일게 해 줍서." 하며 기원하거나 절을 한다. 거북이는 물 아래 모살(모래)통이라든가 엉(바위)알을 살살 기어다니는데, 사람들은 거북을 해치지 않는다.

뱃물질의 재미, 출가 물질

제주도 해녀들은 주로 물질이 우수한 25~30대 연령쯤이면 육지 바닷가로 줄가를 가서 뱃물질을 한다. 출가지로는 전라도 지역 여수, 남해안, 부산, 그리고 강원도까지 나갔다. 이때 상군 해녀는 직접 젊은 해녀들을 모집해 선주들과 협약을 맺어 외지에 나가 물질을 한다. 상군 해녀는 자신이 잡은 해산물을 모두 차지하지만 모집된 다른 해녀들은 선주와 협약에 의해 분배하는데, 4(선주) : 6(해녀) 혹은 3(선주) : 7(해녀)의 비율로 수확물을 나눈다.

한뱃동아리의 해녀들이 배에서 주로 기거하는데, 단지 밥을 해 먹을 때는 인근 육지에 배를 대어서 해 먹고, 잠을 잘 때는 자갈밭이나 백사장 등에서 약간의 뜨대기에 의지해서 눈을 붙여 잠을 자곤 했다.

이러한 생활이 괴로움만의 연속은 아니다. 늘 배 위에서 생활하고 영업을 하면서 살아가는 뱃사람들은 동지와 같은 의식을 가지고 있으며, 상대를 의지하면서 살아가는 동료 의식 같은 것이 있다. 이것은 곧, 어부와 해녀가 각각 따로따로 존재하는 것이 아니라 서로들 공존하고 있는 것이다. 해녀들은 지나가는 고깃배에 손을 치고 장난을 걸면 어부들은 잡은 고기들을 반찬거리로 던져 주고, 서로 장난으로 농을 걸곤 하다가 지나간다. 해가 뉘엿뉘엿 바다로 잠기면 해녀들은 뭍으로 올라와 솥에 쌀을 넣고 밥을 하기 위한 준비로 야단들이다. 먹을 수 있는 물을 떠오고, 돌을 이용하여 솥덕에 앉히면서 나무나 지푸라기들을 주워다 불을 땐다. 좁쌀을 넣고 만든 좁쌀밥의 향기가 구수하다.

전라도 '넙도바당'에는 고등어가 많이 난다. 이곳 고등어를 여수로 혹은 충무로 팔러 나간다. 어부들은 고기를 잡다가 해녀들이 보이면 한 사람당 다섯 개 정도씩 반찬을 하라고 던져 준다. 좁쌀밥에 먹는 고등어 구이 맛은 일품이다.

물속에서 해산물을 캐는 해녀

　"저곳에 고구마밭이 있더라, 고구마도 먹고 싶지?" 하면 어린 해녀
들이 어느새 사공과 약속하여 고구마 서리를 당장 시행한다. 육지 물
질에서 이런 일은 재미있는 일 중의 하나로 손꼽는다.

　또 이런 일이 육지에서만 일어나는 것이 아니라 바다에 있는 미역
과 같은 해산물을 캐어 오는 경우도 있다. 곧 미역밭의 주인을 '곽주'

라고 해서 그 바다의 미역돌을 산 주인이 있다. 그런데 배를 타고 다니다 보면 자신들이 캘 바다보다도 더 많은 미역이 바다 위로 미끈하게 누워 있는 것을 종종 보게 된다. 상군 해녀 자신은 바다에 들어가지 않고 젊은 해녀들을 부추겨 미역을 따오도록 한다. 재미로 한 일이지만, 가끔은 곽주에게 들켜 민망해지기도 한다.

넘치면 나눠 주는 삶

바다 밑 둥글왓에는 분명 전복이 많다. 이런 바다 밑에는 나뭇가지에 주렁주렁 달려 있는 과일처럼 돌마다 전복이 한두 개씩 붙어 있다. 물속으로 들어가서 살그머니 빗창으로 전복을 튼 후(전복 떼는 것을 '튼다'라고 한다.), 다 떼어 놓기만 하고 다시 자맥질을 하여 다시 따낸 전복을 주섬주섬 주워 가지고 물 위로 올라와 망사리에 넣는다. 망사리가 가득 차서 테왁이 물 밑으로 가라앉을 정도가 된다. 이런 경우를 "머정이 있다."라고 했다. '머정'이라는 말은 다른 사람보다 운명적으로 바다의 전복과 같이 값나가는 물건을 잘 딸 수 있는 운수를 가진 것을 말한다. 그래서 해녀들은 머정을 늘 기대했다.

많이 잡은 해녀는 잘 잡지 못하는 해녀들에게 전복을 따서 500g이나 1000g짜리 한두 개를 망사리에 살짝 넣어 주기도 한다. 해녀들에게는 이런 말이 있다. "물엣 것은 골라 먹인다(물에 있는 물건은 선택해서 준다.)." 여기에서 '골라 먹인다'는 말은 선택된 사람만이 할 수 있다는 말인지 모르지만, '골고루 평등하게 먹는다.'는 의미로 전해 온다.

무속신앙을 믿고 의지하는 해녀

해녀들에겐 신성시하는 곳과 꺼리는 장소가 있다. 꺼리는 장소는 사람이 죽었거나 배가 파산된 장소이다. 때로는 해산물을 많이 채취하기 위해 바다 깊은 굴속과 같은 곳에 들어간다. 그곳에서 시신을 발견하기도 한다. 그럴 때면 아무리 상군 해녀라도 겁이 나서 곧장 물 위로 나와 이런 사실을 알린다.

용기 있는 사람은 그곳에 가서 전복도 트고(잡고) 소라도 트나 겁이 많은 사람은 그곳을 못 본 체하고 지나가 버린다. 그런 장소를 지나갈 때면 더 몸도 안 좋고 소름이 돋는다고 한다. 그날 이후 계속 몸이 좋지 않으면 무속 의례인 '굿'을 하기도 한다. 그래서 제주도에는 해신당이 많다.

바다와 깊은 인연을 맺고 사는 해녀들은 자연스럽게 무속신앙을 믿고 의지하게 되었다. 예를 들면 구좌읍 행원리에는 해녀들의 신앙처로 당이 두 곳에 있다. '알당'과 '웃당'인데, 알당을 '남당'이라고 한다. 해녀회 회장이 주도적으로 당집을 관리하는데, 권제를 받아다가 당집을 보수한다. 주로 정월 보름과 10월 보름에 제를 올린다. 보통은 웃당에 가는데, 주로 3일 동안은 근신을 해서 몸을 깨끗하게 한다. 정월 초사흗날은 '신과세제'가 있고, 정월 보름 제일에 '지드림' 행사를 한다. 특별히 영등굿을 하지는 않지만 영등굿 행사와 비슷하다.

음력 칠월 열나흘 백중날은 '무쉬제'와 '지드림' 행사를 한다. 쌀로 만든 돌래떡을 가지고 사과, 배, 밀감, 감 등의 과일을 마련하고 제숙은 바닷고기로 우럭 세 개를 쓴다. 계란은 서너 개가 필요하다. 대신

의례의 특성상 돼지고기를 써서는 안 되며, 3일간은 돼지고기를 먹지도 않는다. 지에는 '큰지'와 '몸지', '요(용)왕지'가 있으며, 식구 모두에 따라 정성스럽게 싼다. 큰지는 바다에 가서 빠져 죽었거나 큰일이 있었던 조상에게 바치는 것이고, 몸지와 요왕지는 식구들의 건강과 안녕을, 혹은 장수와 풍어를 기원하는 것이다. 계란 반쪽, 돌래 반쪽, 매한기 반쪽을 넣어서 큰지를 싼다. 그리고 몸지와 용왕지는 식구별로 두 개씩을 싼다. 하나는 용왕에 기원하고 하나는 자신의 몸에 대한 기원이다. 그래서 아들 부부와 딸, 손자의 지를 싸다가 아들이 결혼한 후에는 며느리에게 이 지를 싸서 기원하는 의례를 넘겼다. 과거 구좌읍 행원리 웃당은 발 디딜 틈이 없이 많은 사람이 모였으나, 지금은 많이 줄었다. 그래도 정월 대보름이 되면 제주시에 사는 많은 고향 사람들이 찾아와서 정성을 다한다.

해녀들은 해녀 물질 중에 물숨을 먹어서 죽는 경우가 종종 있다. 자맥질을 했다가 너무 '물엣것'에 욕심을 내어 물 위로 나오기 직전에 숨이 막혀 죽게 되는 것이다. 이때는 사람은 간데없고 테왁만 물 위로 동동 떠오르는 것이 예사다. 그리고 한 며칠 지나서야 시신이 떠올라와 마을 개껏으로 둥둥 떠오르는 경우도 있다.

해녀들은 물에 들 적마다 반드시 약을 먹었다. 왜냐하면 물질 작업할 때 머리를 밑으로, 즉 몸을 거꾸로 한 상태에서 해산물을 따므로 머리 속의 뇌가 흔들려 아프거나 온몸이 쑤시는 등 통증을 막기 위해서이다. 주로 뇌선, 콘텍육백, 사리돈, 신경통약 등을 복용했다. 이러한 약을 너무 많이 먹어서 정신이 없다거나, 나불(파도)에 친다거나 하는 경우 죽음에 이르는 때가 종종 있다.

우도 해녀들이 요왕굿을 마치고 '지드림'을 하고 있다.

해녀들은 죽는다는 개연성을 항상 품고 있다. 〈해녀노래〉에서 "혼백상자를 옆에 차고, 칠성판을 지영 물속을 오락가락한다."고 자신들의 물질 작업을 정의한다. 이러한 불상사의 죽음이 있으면 바다를 깨끗이 하기 위해서 물굿을 해야 한다. 주로 죽은 시신을 바닷가 근처에 두고 장사 일을 정해서 치르고 난 후에 바다에 가서 물혼을 부르고, 새풀이를 한 다음 귀양풀이를 한다. 물속에 빠져 죽은 영혼을 불러서 집으로 모셔온 후 젯상과 병풍을 치고 굿을 하는데, 죽은 영혼을 저승으로 잘 보내고 나중에 후탈을 없애자는 의도이다.

시집 못 가 죽은 해녀를 위한 '사혼'

어린 해녀들이 시집도 못 가고 잠수병이나 바닷속에서 해산물을 채취하다가 죽는 경우가 있다. 이럴 경우에는 바닷가 근처에 천막을 치고 시신을 지켰다. 집 밖에서 죽은 시신은 보통 집 안으로 들여놓지 않는 법이다. 비록 10대지만 어른식으로 장사를 치르고, 초하루 보름에 삭망을 지내 소상과 대상을 치렀다. 시집도 못 가 본 너무나 억울한 영혼이었다. 그래서 시집 못 간 해녀를 위해 귀양풀이를 하거나 저승질(길)을 치는 하룻밤 하루낮 동안 큰굿을 한다. 구좌읍 행원리인 경우, 바다를 깨끗이 하기 위해서 '더뱅이물'에서 역시 물굿도 했다. 귀양풀이를 할 때, 무당은 접신해 혼령을 달랜다. "어머니 나 혼자 저승질을 어떻게 가, 어명아 나 벗 없어 어떵가코?", "어떵하느냐, 저승은 혼자서 가는 길이여, 혼저 가라." 하고 영혼을 달래었다.

사혼을 위한 중신(중매)이 들어오기도 한다. 제주도 여러 마을에서

들어오면 사돈 삼을 마을을 정해 결혼식처럼 예단을 준비한다. 한 예로, 딸이 죽은 집안에서 보내는 혼수품으로 이부자리, 베개, 주전자, 그리고 딸 시집보내려고 모은 적지 않은 돈 50만 원까지 봉투에 넣어 사돈집으로 보낸다. 당시 50만 원 정도는 상당한 금액이었다. 죽은 딸의 영혼은 그 집안에서 아주 환대받았다. 그 집안에서 딸의 영혼에 큰지를 바치고, 당에 가서 빌기 때문에 그 딸에 대한 특별한 정성은 하지 않고 비록 생을 달리했지만 상당한 안도감 같은 것을 여자 집안에서는 느낀다.

해녀들은 자신이 속한 '해녀회'에 가입되어 있다. 해녀회에는 각 조합마다 회장이 있고 부회장 1인이 있으며, 그리고 전 해녀회를 통솔하는 연합회장이 있다. 해녀회 회장은 남자 어부들의 모임인 어촌계와 화합하는 데도 큰 역할을 해야 한다. 회장은 경로잔치와 마을 공동 일에도 앞장서야 한다. 그리고 기금을 모아서 당집을 보수하며, 날씨가 굿을 때 제를 드리기 위해 해녀나 해녀 가족들이 제에 참여하는 것을 독려한다. 제를 올리는 날은 당집 내부에 사람들이 빽빽이 들어차고, 객지에 나가서 살던 사람들이 모두 참여하게 되어 만원을 이룬다.

물질 쇠퇴기

늙은 해녀의 노래

전복을 딸 때 쓰는 빗창은 '개 날[戌日]'에 사다가 사용하면 재수가

햇빛에 그을린 해녀의 함박웃음

좋다고 한다. 그리고 노란 녹이 쇠에 피면 그것을 돌과 같은 데에 갈면서 장난으로 "개○이나 하라."고 한다. 그리고 나오는 녹물을 얼굴에다가 바르기도 하고, 혹은 귀에도 바른다. 그리고는 "빗창은 빗꾸래기, 망사리는 망할 징조"라고 한다. 아무리 빗창으로 전복을 떼어서 돈을 벌더라도 가정 경제에는 도움이 안 되고 망사리를 들고 물질하는 해천 영업은 망할 징조라고 하니, 새겨볼 만한 일이었다.

물질을 은퇴한 늙은 해녀들은 가까운 바다에서 톨(톳)이나 소라 같은 작은 해산물을 채취하며 시간을 보낸다. 그 동안 물질해서 가족 먹여 살리고 잘 살아온 한평생, 오로지 바다에 의지하고 살아왔기 때문에 바다에 와서 숨을 크게 쉬고 〈해녀노래〉 한 곡조를 부르고 나면 외롭지도 않고 마음 편하다.

늙은 해녀들이 가장 하고 싶지만 못 해서 유감스러운 것은 바로 물질이다. 연민의 정으로, 해녀들은 노쇠한 늙은 해녀에게 잡은 소라를 몇 개 던져 주기도 한다.

물때에는 해녀들이 물질해서 밖에 나올 시간에 불턱에 가면 누가 많이 잡고 어디에 많이 있더라는 등 화제가 만발한다. 늙은 해녀들이 부르는 노래와 전설 같은 무용담은 불턱에서 다시 젊은 해녀들로 이어지며 구전되고 있다. 그렇게 제주 해녀의 역사는 계속 이어지고 있다. 제주 해녀로서의 삶의 고뇌와 회한이 모두 들어 있기 때문이다.

제주 해녀의 문화 전통

제주 해녀의 문화적 가치

한국 제주도의 해녀는 해양 채집을 통해 경제 활동을 해온 제주 여성들로, 제주에서는 '잠녀(줌녀)', '잠수(줌수)', '해녀'라고 불렸다. 바다밭의 제한된 공간에서 연령의 노소(老少)와 기술의 상중하(上中下)에 관계없이 생산과 판매 분배를 공동으로 하는 공동체적 특성을 기반으로 운영되어 왔다.

제주 해녀들은 기계 장치 없이 맨몸과 맨숨, 맨손의 상태로 바다 환경이라는 자연 생태계에 가장 잘 적응하여 민속 지식(토착 지식)과 잠수 기술을 축적하면서 '여성 생태주의(Eco-Feminism) 실천자'라는 평가를 받고 있다. 또, 반농반어(半農半漁)적인 전통 생업을 영위하면서 남성과 더불어 사회 가정 경제의 중심적 역할을 담당했다는 점에서 양성 평등의 모델이 되기도 했다. 아울러 집단 경제를 통한 지역 사회 재투자, 도제 정신과 상호 부조의 문화 형성 등 제주 전통문화의 창조자 역할을 담당하기도 했다. 그녀들은 바다밭의 집단 채취 및 어장 청소와 자원 관리를 철저히 하고, 해산물의 생태적인 산란기를 고려하여 '금채기(禁採期)'라는 기간을 따로 설정한 후 작업에 임하기도 했다.

이러한 해녀와 같은 여성 나잠업자의 분포는 제주도와 '쿠로시오 문화권을 구성하는 동남아시아계 종족으로 일본 열도 해변부를 덮고 있었던 사람들'[2]이 주류를 이루고 있다.

역사적으로 제주 해녀들은 진상 부역을 담당해 왔다. 예컨대, 『삼국사기(三國史記)』권 19 고구려본기 문자왕 13년(서력 503) 여름 4월 조 항의 진상품에 관한 기사에 "가옥은 섭라의 소산(珂則涉羅所産)"이라는 기록이 있다. 곧 '가(珂)'는 제주의 '진주' 혹은 '패류'였을 것으로 추정되는데, 곧 진주를 채취한다는 것은 바로 짧은 시간에 물속에 잠수하여 전복과 같은 해산물을 채취한 것으로 추정할 수 있다.

한편, 일제 강점기 때 식민지 수탈은 극심해서 해녀들은 생업을 위협받게 되는 상황에 직면하게 되자, 1932년 1월을 기점으로 일제의 착취에 저항하여 생존권 투쟁을 전개하였다. 이 해녀 항일운동의 역사는 제주 여성들의 자존과 생존을 위한 거국적인 여성 항일운동으로 평가되고 있다.

일본 어민들의 제주 어장 침탈로 인해 해산물 채취량이 현저히 줄어들어 생활이 어렵게 되자, 타 지역으로 출가 물질을 가는 해녀의 수가 늘어나게 되었다. 이로 인한 제주 근대기 해녀 노동력은 제주 사회의 경제적 초석이 되기도 했다.

한편, 해녀들이 보유한 민속 지식(Folk knowledge)은 과학적인 지식과 구별된다는 의미에서 중요하다. 초인과도 같은 나잠수 작업, 작업 기술, 물때 이용 등 독특한 지식 체계를 형성 전승시켜 왔다. 또 이러한 생업을 바탕으로 신에게 의지하는 생활에서 생겨난 무속신

해녀들은 태왁망사리가 멀리 떠내려가지 않도록 몸에 줄을 이어 매고 물질한다.

앙, 노동과 함께 만들어진 노래, 언어 표현, 공동체 생활에서 이루어
지는 사회 조직 등 자신들만의 독특한 문화를 창조하고 전승해 온 것
이다.

제주 해녀의 명칭

제주 해녀에 대한 명칭은『표준국어대사전』의 경우, "바다 속에 들
어가 해삼이나 전복, 미역 따위를 따는 것을 직업으로 하는 여자"로
풀이하고 있는데, 곧 '잠녀(潛女)'와 '잠수(潛嫂)'로 소개하고 있다.

제주 해녀들이 하는 작업은 「수산업법 제2장 제12조 7항」에 "나잠
으로 하는 해저 어업"으로 기술되어 있는데, 이러한 해녀와 관련하여
"나잠업자로, 기계 장치 없이 맨몸으로 물속에 들어가 일하는 여성
잠수업자들이다."라고 정의하기도 한다. 곧, 해녀들의 '물질(자맥질)'
이란, 주로 산소 공급 장치를 이용하지 않고 작업하는 것을 일컫고,
영어로는 'plaining diving'이라고 한다. 여기서 'plaining'이라고 표현
함은, 해녀는 물속에서 스스로 헤쳐 나가야만 하고, 몸체를 둘러싸고
있는 물은 끊임없이 움직이므로 불규칙한 물결과 큰 파도의 흐름에
몸동작을 맞추고 부력과 가시성이 변하는 것에도 지속적으로 적응해
야 한다는 의미를 내포하고 있다. 그리고 폐 속 산소가 감소하는 것
을 고려하여 물속 위치에서 수면까지의 거리를 가늠해야 한다.[3]

한편, '해녀(海女)'라는 호칭은 한국 사회에서는 공통적으로 인식되
는 용어이며, 지역이나 나이에 관계없이 사용되는 일반화된 용어이다.

양지에 앉아 담소를 나누는 해녀들

테왁망사리에 의지한
물 위의 해녀

물질 작업을 위해 바다로 들어가는 해녀들

물속의 지형물을 인지하여 바다밭으로 출발하는 해녀

유철인은 "'줌수'나 '줌녀'는 행위자·내부자의 통속적인 용어이고, '해녀'라는 명칭은 관찰자·외부자들이 일상에서 가장 많이 쓰고 있으며, 학문적으로도 분석적·과학적 용어"라고 정의하고 있다.

일본에서는 한자어 '해녀(海女)'를 '아마'라고 부르는데, 이 용어가 남성과 여성에 통용되더라도 여성이라는 인식이 강하다. 중국에서는 '해신(海神)의 딸' 혹은 '진주 캐는 여성'이라는 의미로 쓰였다. 결국 '해녀'라는 용어는 한자를 공유한 동아시아 한자 문화권에서 공통적으로 사용된 것으로 추정해 볼 수 있다.

역사 문헌 중에서 위백규(魏伯珪)의 『존재전서存齋全書』(1791) 「금당도선유기」에 '해녀(海女)'라는 용어가 나온다. 그는 전남 완도군 평이도(平伊島)의 '무레꾼', 곧 해녀들이 전복 따는 것을 구경한 후 "벌거벗은 몸을 박 하나에 의지하고 깊은 물속에 자맥질했다."라고 기록하고 있다.

한편, 이 '잠녀'라는 용어가 문헌상에서 최초로 등장한 것은 이건(李健)의 「제주풍토기(濟州風土記)」(1629)로, "미역을 캐는 여자를 '잠녀(潛女)'라 하는데, 그들은 2월부터 5월까지 바다에 들어가 미역을 캔다."[4]라는 기사가 나온다.

『탐라순력도(耽羅巡歷圖)』(1702년) 「병담범주(屛潭泛舟)」 그림에는 '潛女(잠녀)'라고 쓰여 있고, 소중기 입은 해녀들이 작업하는 모습이 그려져 있기도 하다.

조선 시대에는 잠수업의 성별 분업으로 '포작(鮑作)'이라 불리는 남성들이 주로 깊은 바다에서 전복을 따고, '잠녀'라 불리는 여성 나잠업자들은 미역과 청각 등의 해조류를 채취했다. 이익태(李益泰)의 『지영록(知瀛錄)』(1695)에는 "진상하는 추인복(搥引鰒 : 말린 전복)을 포

『탐라순력도(1702)』 「병담범주」 중 해녀 그림
용두암 쪽에서 물질하는 해녀들의 모습을 사실적으로 그리고,
그 옆에는 '잠녀(潛女)'라고 표기해 놓았다.

작인 90명에게 전적으로 책임을 지워 왔는데, 늙고 병들어 거의 담당할 수 없게 되었고, 미역 캐는 잠녀가 많게는 800명에 이르는데, 물속에 헤엄쳐 들어가 깊은 데서 미역을 캐는 것은 전복을 채취하는 것이나 다름없으나, 익숙지 못하다고 핑계를 대어 위험한 것을 고루 피하려고만 한다."5)고 기록하고 있다.

'잠녀(潛女)'라는 용어는 제주에서는 지금도 '줌녀'라고 호칭하고 있다. 조선 시대부터 고문헌에 주로 나타나고 있으며, 일본의 고문헌이나 해신 관련 신사(神祠)의 명칭에서도 '潛女(잠녀, 가츠키메)'라는 용어가 나타난다.

'잠수(潛嫂)' 용어를 쓰게 된 것은 1953년 수산업법 개정 당시로, 자유당 수산분과위원회에서 '나잠업'으로 명칭을 개정하고 '잠수'라는 용어를 사용했다. 그 이후 1957년경부터 제주도청 공문서 등 행정상에서 줄곧 사용하는 호칭이 되었다.

이 용어를 창안해서 쓰게 된 것은 '잠녀'가 곧 '잡녀'로 발음이 되어 천하게 들리고, 해녀(海女)나 잠녀(潛女)의 '여(女)' 자가 비칭이어서 '계집 녀(女)' 대신에 '아주머니 수(嫂)'를 써서 '잠수'라는 용어를 만들어 사용했다.

해녀에 대한 인식

해녀에 대한 인식은 역사나 신화, 민요나 전설, 속담 등의 구비문학 등에 나타난 서술자의 시각, 수용자의 인식을 통해 스스로가 또는 외부인들이 바라보는 관념화된 이미지 등에서 찾을 수 있다.

이형상(李衡祥)의 장계(狀啓)가 실린 『병와전집(甁窩全集)』(1702) 「제주민막장(濟州民瘼狀)」에서 "지아비는 포작(鮑作)과 선원(船員) 노릇을 겸하는 등 힘든 일이 허다하며, 지어미는 해녀 생활을 하여 일년 진상할 미역[藿]과 전복[鰒]을 마련해 바쳐야 하니, 그 고역이란 목자(牧子)보다 10배가 됩니다."라고 정리하고 있다.

곧, 잠녀들 고통의 원인은 '노동의 심함'이라고 보고 있으며, 이는 진상 혹은 관리들에게 바치는 상납에 따른 것이라고 표현하고 있다. 한편, 기록상에서 이런 해녀들의 비참한 활동을 동정하여 자신의 밥상에 전복을 올리지 말 것을 특별히 주문한 기록이 세 곳에 전한다. 첫째는 기건(奇虔) 목사의 일화이고, 둘째는 조관빈(趙觀彬), 셋째는 정조 대왕에 대한 일화이다.

『조선왕조실록(朝鮮王朝實錄)』(1460) 기건(奇虔) 목사 기록에는 "제주(濟州)를 안무(按撫)하는데, 백성들이 전복(全鰒)을 바치는 것을 괴롭게 여기니 역시 3년 동안 전복을 먹지 않았다."[6]라는 표현이 나온다.

조관빈(趙觀彬)의 『회헌집(悔軒集)』[7](1731)의 「잠녀(潛女)를 탄(嘆)한다」에서도 그는 잠녀들의 현실적인 고난을 이해하면서 국가 진공뿐만 아니라 관부(官府)의 상사들에 바치는 뇌물에 의한 수탈에 대해서 탄식하며, 자신은 해녀들이 잡은 전복을 먹지 않겠다고 한다.

정조 대왕(正祖大王) 행장(行狀)에 보면 다음과 같은 기록이 있다

"제주(濟州)라면 푸른 바다 저 밖인데, 근래 흉년으로 인하여 백성들이 부창이 들었다고 한다. 지금 본주 목사의 장계를 보니, 전복을 따느라 고

생하는 모습이 눈에 선하다. 차라리 어공(御供)을 줄일지언정 우리 백성
들이 그렇게 힘들어야 되겠는가" 하고, 연례(年例)로 전복 바치는 일을 영
원히 제감하라고 명하고는 이어 하교(下敎)하기를, "이는 선왕의 유의(遺
意)인 것이다." 하였다.

이와 같이 온갖 관의 수탈에 의해 어렵게 살아가는 해녀의 삶을
'불쌍하고 처량하게' 여기고 있으며, 그녀들이 처한 현실적인 고난을
잘 이해하고 있음을 알 수 있다.

해녀들은 자신들의 노동 목적이 '돈을 번다'고 하는 경제적이고 현
실적인 인식에 바탕을 두고 있다. 물질 작업을 통해 집안 경제의 주
역을 담당한 해녀의 이미지는 조천읍 나주 김씨 조상 본풀이인 〈진
주할망〉 신화에서 찾을 수 있다.

김 사공을 따라온 외래신은 비창, 테왁 등의 해녀 도구를 챙기고 물
질을 해서 진주를 땄다. 큰 전복과 작은 전복 1000근을 땄는데, 전복 속
에서 진주 닷 말 닷 되가 쏟아져서 횡재를 했다는 요지의 이야기이다.

결국 이들 부부는 진주를 임금님께 진상해서 남편은 동지(同知) 벼
슬을 얻고, 할망은 구슬치마를 하사 받아 '구슬할망'이 된 것이다. 신
화적인 내용은 진주가 나는 전복을 따는 해녀 아내의 능력으로 얻게
된 부와 귀의 획득에 대한 신화다.

한편, 최부(崔溥)의 『표해록(漂海錄)』(1488)에 전해지는 제주의 속담
에서는 딸과 아들에 대해 비유적인 표현을 하면서 여성의 경제력을
기대했다. 곧, "부모된 사람은 말하기를 딸을 낳으면 '이 아이는 나에
게 효도를 잘 할 자'라고 하고, 아들을 낳으면 '이 아이는 내 자식이 아

제주도 전통 배 테우 위의 화덕 물질 후 해녀들이 몸을 따뜻하게 녹일 수 있도록 배 위의
화덕에 불을 피운다. 불이 번지지 않도록 바닥에는 젖은 해조류를 깐다.

몰아치는 파도에도 아랑곳하지 않고 물질하는 해녀

성산일출봉을 배경으로 떠가는 테우가 한가롭다.

니고, 곧 고래와 악어의 밥'이라고 했다."[8] 곧 딸이 효도를 한다는 것은 물질을 해서 가정의 경제력을 담당하고 이끌어 가는 것으로, 딸들이 물질해서 번 돈으로 봉제사를 지내기도 했다.[9]

그러나 거친 바다에서 행하는 물질이란 늘 칠성판을 등에 지고서 작업하고 있다는 생각이 들게 할 정도로 험하고 고생스런 일들이라는 인식이 지배하곤 했다. 곧, 혼백상자(魂帛箱子)를 등에 지고 저승길을 오고가는 것처럼 노동 작업과 함께 늘 따라다니는 것은 '죽음'에 대한 비장한 인식이었다.

"보제기 삼대민 조상을 물에 눕힌다(바다 일을 3대째 하면 조상 중에 바다에서 돌아가시는 분이 있다.)"는 속담의 경우, 바다에서의 작업은 위험스런 작업이며, 고통스럽고 험한 일임을 나타낸다. 민요 속에서는 "저승질이 왓닥갓닥(저승길에 오고가고)", "탕 댕기는 칠성판아(타고 다니는 칠성판아)", "잉영 사는 멩정포(이고 다니는 명정포)야" 등으로 표현되기도 한다.

바로 이러한 해녀의 노동 작업은 '자강(自彊)'의 의지가 담긴 비장한 인생관을 가지게 된다. 모든 삶에는 마루와 고비가 있는데, 이를 '물마루'라고 하며, 인생에서 넘어서야 할 고비를 바다의 파도덩이인 '놀'과 '노'가 밀려오는 것에 비유하기도 하였다. 바다 작업에서 고개는 '절고개', 배가 넘어서야 할 '놋고개'라고도 표현했다.

또한 그러한 노동의 고통을 넘어서는 광경을 두고서 "노끈이 끊어지면 로프 줄이 있고, 노착이 끊어지면 곧은 나무가 있다."라고 자위하면서 인생의 마루와 고비는 늘 사람살이에 따라다니므로 당연히 맞서서 넘어야 할 고개로 인식하곤 했다.

불턱에 모여 담소하는 해녀들

해산물 채취를 마치고 집으로 돌아가는 해녀들

"요 '벤드레' 끊어진들, 요 내 홀목 부리진들 이내 상착이사 남줄소냐(이 '멍에와 노를 묶어 놓은 밧줄'이 끊어진들, 이내 손목이 부러진들 이 노의 윗착이야 남을 줄 것이냐)", "요 '몽고지' 부러지면 한라산의 곧은 남이 없을 소냐(이 노의 손잡이가 없어지면 한라산의 곧은 나무가 없을 것인가)"처럼 '벤드레'나, '몽고지(노손)', '상착(노의 윗부분)'은 해녀들의 분신과도 같은 존재로, 파손될지라도 대체가 가능하다고 자위한다.

이들 해녀들의 노래 속에서는 자연적인 소재를 끌어와 차용하거나 또는 자연물의 일부나 다름없다고 생각하여 자연적 존재로 화하게 된다. 이는 곧, 자연에의 합일이고 자연과의 조화다. 자연에 합일한다는 것은 곧 자아를 망각하고 자연과 합일하여 하나가 되는 것이다. 곧 대상과 자아가 하나가 되는 것으로, 현상을 초월하여 원초적인 본래 모습을 회복할 수 있다.[10]

노래 가사 속의 어머니에 대한 생각은 모성성, 자신의 운명은 비극적 운명의 원천으로 상정되고, 남편은 부재하거나 무능력한 존재로 비쳐진다. 또한 딸의 귀중함과 해녀 노동력의 필요성, 여성 노동력에 대한 가치가 노래 속에서 나타난다.

해녀들이 지녔던 외부 세계에 대한 인식으로 가장 주목되는 곳은 작업장인 '바당밭(바다밭)'이다. 곧 섬과 한 수중 암초들인 여[嶼]를 서 중심으로 바다 어장이 형성되고, 거기에 생산되는 해산물의 종류나 위치들을 인지하고 습득해야만 한다. 해녀들에게는 '안여', '밧여', '숨은여', '큰여', '족은여' 등 해산물이 자라는 바다밭의 개별적인 세계들이 인식되고 있다.[11] 크고 작은 공간이 바다에 숨어 있고 물질하는 장소 기준이 되는 안과 밖의 경계점을 인식하면서 자신들만의 세계

바위가 많은 바닷속에는 전복 같은 귀한 해산물이 많다.

를 별도로 설정해 인식해 나가는 것이다.

또 그녀들은 다른 한 세계인 '이어도'를 이상향으로 삼았다. 특히 이상향으로서의 이어도의 설정은 해녀들의 삶에 중요한 역할을 한다. 해녀들은 이어도를 '저승의 세계'라고 여기고 있으며, 주로 민요에서는 부재한 남편을 소재로 해서 기다림의 미학을 반영하고 있다.

'이어도'는 바다 가운데의 섬을 지정한 것으로, 섬사람들의 세계 인식적인 사고를 반영한다. 사람이 태어나고 죽는 이승과 저승의 관념이 하늘과 땅의 수직적인 사고와는 다른 것으로 나타나 흥미로운데, 용궁이 대체적으로 해저에 있다고 생각하는 것은 용궁사상의 영향으로 보는 편이다.

이원조(李源祚)의 『탐라지초본(耽羅誌草本)』기문(奇聞)조에는 용궁에서 산호를 얻어다가 마마를 치료하는 해녀 이야기가 나온다. 곧 거북이를 살려 주고 산호를 얻어 와서 마마에 걸리지 않았다는 산호해녀에 대한 민담은 환상적인 용궁의 모습을 연상시키고 있다.[12] 전설의 대강은 다음과 같다.

모슬리에 한 잠녀가 있었는데 아직 마마(痘)를 겪지 않은 사람이었다. 금로포(金露浦)를 지나가다가 바다거북(玳瑁] 하나를 발견했다. 물이 말라 있는 곳에 있기에 이를 불쌍히 여겨 그것을 바닷물에다 놓아주었다. 거북은 유연하게 헤엄쳐 가면서 마치 고맙다고 인사하는 모양을 하였다.

뒤에 용·머리바위(龍頭巖 : 안덕면 사계리 바닷가]에서 전복을 캐러 물에 들어가 보니, 빛이 반짝거려 찬란한 가운데 한 노파가 있었다. 반가이 맞이하고 고맙다며 말하기를, "그대는 나의 아들을 살려 주어 그 은혜에

감사할 바를 모르겠습니다."라고 하였다. 드디어 꽃 한송이를 꺾어 주면
서 말하기를 "이것을 지니고 있으면 마마[痘]를 면할 수 있을 것입니다."
라고 하였다. 물에서 나와 그것을 보았더니, 바로 산호꽃[珊瑚花]이었다.
과연 늙어서 죽을 때까지(마마에 걸리지 않고) 효험이 있었다. [13]

'산호 해녀'나 '용궁 해녀' 전설을 통해서 해녀들이 지녔던 수중에
대한 인식을 살필 수 있는데, 용궁에는 용왕이 있으며 용왕은 어민들
의 모든 삶을 관장한다고 믿고 있다.

상호 보조의 정신, 머정과 게석

해녀 공동체의 큰 특성이란 무엇보다 제한된 공간인 정해진 바다
어장에서 공동으로 해산물을 채취해 판매하고, 그 수확을 동일하게 배
분하는 데 있어서 상하 기술의 우열에 차등을 두지 않고 늙음과 젊음
에 상관없이 언제나 호혜평등의 원칙을 고수하며 지켜 나온 게 해녀
사회를 끈끈하게 유지해 온 원동력이었다. 바로 '머정'과 '게석'이다.
"물엣것은 공것", 혹은 "물엣것은 친정어머니보다 낫다."라는 말
을 종종 한다. 이는 곧, 물속에 있는 해산물이란 물질 작업이 가능한
누구에게나 개방되어 있음을 지칭함이요, 마을 어장을 이용할 수 있
는 해녀들이라면 누구라도 바다를 이용해서 경제적인 소득을 얻을
수 있는 공동체의 일원임을 확인시킴은 물론, 물속에 잠수하여 대가
없이 채취할 수 있기에 바다는 마치 딸에게 무작정 무엇인가를 주고

해안 가까이에는 '할망바다'가 있다.

야 마는 친정어머니에 비유되곤 했던 것이다. 또 "바당은 골고루 멕인다."라는 말이 있다. 이 말 또한 공동체가 소유하는 바다 생산물의 혜택은 너와 나의 구분이나 많고 적음이 없음을 표현한 말이다.

"오늘은 운수가 대통해서 큰 전복이라도 하나 땄다."라는 표현을 두고서 흔히들 해녀 사회에서 통용되는 말로 "오늘은 머정이 있다."라는 표현을 쓰기도 한다. 혹은 바다 일에 손덕이 있어 늘 남보다 수확량이 많았을 때 "머정이 좋다."라고 한다.

해산물을 많이 딴다는 것은 결코 자신의 능력만으로 인한 결과가 아니고, 어떤 보이지 않는 존재로부터 주어지는 것이라고도 생각했다. 그리고 작업 나간 날의 우연한 횡재수와도 같은 것으로 여겨 자연의 이치에 순응하며 자신의 능력을 과신하지 않는 이런 겸허함은 자신을 낮춘, 지극히 겸손한 자세라 할 수 있을 것이다.

잡아 온 해산물은 바다 물속에 담가두었다가 판매한다.

현대식 탈의장

16세부터 배운 물질 기술이 30대 후반에서 40대가 되면 잠수 기술이 능숙해지면서 해녀들은 작업하는 바다 환경을 한눈에 다 알 수 있게 된다. 각각의 조업 장소에 서식하는 해산물 등의 바다 환경과 서식지 해산물의 생태 등 민속 지식을 완벽히 습득한 최고의 전문가가 된다.

과거에는 초보자들의 의지를 북돋워 주기 위해 물속에서 상군 해녀들은 자신이 채취한 물건을 물속에서 망사리에 넣어 남모르게 건네주고 일정의 작업량을 채워 주기도 했다. 이러한 행위를 두고서 해녀 사회에서만 통용되는 특수어로 '게석'이라고 했다. 이는 상군 해녀가 갓 배운 초심자 해녀에게 줄 수 있는 최대의 배려이자 격려라 할 수 있다. 작업을 끝내고 불턱으로 돌아오면 후배 해녀는 자못 흡족함과 더불어 칭찬과 부러움을 한몸에 받게 되는 만큼 선배 해녀에게 감사와 존경을 표한다.

추운 몸을 덥히고 옷을 갈아입는 '불턱'은 해녀들만의 특별한 공간이다. 이곳에서 해녀들은 온갖 정보 전달과 의사소통은 물론 인간적인 질서와 상호 간의 배려, 그리고 삶의 미덕을 배우게 된다. 상군 해녀는 불을 쬘 때 연기로 인해 방해되지 않는 가장 윗자리인 상석에 앉게 된다. 그것은 후배들이 연장자에게 바치는 존경심의 표현이라 할 수 있다. 이와 같은 상하 배려는 제주 전통사회가 지녔던 가장 큰 미덕이며, 제주 여성을 대표하는 해녀 집단에 의해 가장 잘 구현되고 있다.

자연에 대한 숭앙과 외경심은 해녀들의 무속신앙과 같은 전통 문화로 잘 나타나고 있다. 물질 작업의 위험과 목숨을 건 작업으로 인해 해녀들은 공동으로 잠수하며, 항상 물속에 있다고 여기는 요왕(용왕)신에게 조업 안전과 풍어를 기원하고 믿어 의지했다. 이는 곧 자신들의 몸을 보호하기 위한 정신적인 무기와 같은 것이다.

한 해가 시작되는 음력 정월에는 바닷가 인근 변의 해신을 모신 성소인 '해신당'에서 제를 올리고, 음력 2월 영등달이 되면 '강남천자국'에서 온다고 하는 영등신에게 제를 올리는 '영등굿'을 한다. 영등신은 제주 전역을 돌아다니면서 해산물의 씨앗을 뿌리고 가는 외방신이기도 하다. 해마다 음력 2월 14일에 치르는 '제주시 칠머리당 영등굿'은 현재 유네스코 무형문화유산으로 등재되어 전승 보존되고 있다.

제주시 구좌읍 김녕리 마을에서는 해녀들이 공동으로 제를 올리는 '잠수굿'이 행해진다. 모든 제수 비용은 해녀들이 자발적으로 동참하여 마련하고, 음력 3월 8일에 '용왕의 셋째 아들'을 맞이하여 굿 의

암벽을 의지해 바람을 막은 노천 불턱

차귀섬에서 작업하는 고산리 해녀들

례를 치른다. 이 모든 노력과 공드림이란, 해녀 스스로가 공존을 위해 바다를 지키는 신에게 드리는 최상의 정성이자 염원이기도 하다.

1970년대에 접어들면서 해녀 사회는 점차 변화의 조짐을 내보이기도 한다. 곧 천연 자연산 미역 작업이 중단되고, 소라와 전복 등 해산물 가격이 점차 높아지면서 자연스레 수확물이 경제성 높고, 잠수 노동의 경제적 가치를 인정받게 되면서 망사리에 채워진 해산물은 개인 소득으로 전환되어 버렸다.

이제 고령의 해녀들은 바다의 일정한 장소인 '할망바당'에서 얼마 남지 않은 여생을 캐내듯 작업하고 있다. 아직도 머릿속에 남아 있는 과거의 영광을 추억이나 하듯이 깊은 영혼의 바다를 헤엄치듯 계속 적으로 물속을 자맥질하며 오고 간다.

3000여 년의 긴 역사 속에 각인된 제주무형유산인 해녀문화에 대

음력 2월 1일, 영등신을 맞이하는 제의식(제주시 수협어판장)

영등신을 보내드리면서 치르는 영등 송별제

섬이나 먼바다로 작업을 가기 위해서는 관리선을 이용한다.

한 찬란한 기억을 대상으로 현지 보존을 중시하고, 미래 지향적 존재 구현으로 가치를 추구하는 지속 가능한 생태 환경과 공존하기 위한 노력들이 여기저기서 나타나고 있다.

이와 더불어 제주특별자치도에서도 해녀들의 작업 기술에 대한 가치를 인정함은 물론, 어촌계 내의 '잠수회', '불턱' 같은 공동체 문화의 역할과 존속을 위해 각별한 노력을 기울이고 있다. 아울러 바다 자원을 고갈시키지 않고 지속적으로 작업이 가능하도록 하기 위한 생산량 조절은 물론, 해산물 채취와 관습, 물질 작업 도구의 이용, 민속 지식의 가치 인정 등 살아 있는 해녀문화유산의 보존을 위해 노력하고 있다.

결국 해녀들은 지속 가능한 환경지킴이로 남아 공동체의 역할을

숨 오래 참고 빨리 헤엄치기 경기(해녀축제 장면) ⓒ 해녀박물관

계속 수행해 나가야만 한다. 이를 위해서는 무엇보다 제주 해녀의 고유한 문화 전통 복원을 위한 노력이 병행, 수반되어야만 한다. 그것은 다름 아닌 과거 해녀 사회를 지탱해 온 근원적 힘인 '머정'과 '게석'의 정신에서 찾아 이를 복원시키는 데 힘을 기울여야만 할 것이다. 이는 곧 물질 작업을 통해서 삶의 희열을 공유하고, 서로 간의 배려로 전통적인 인정 사회를 회복함은 물론, 이를 위한 실천의 대열에 참여함이기도 하다.

결국 물질을 통해 얻은 자연의 이치에 대한 겸손의 미덕과 상호 배려의 문화란 세대가 바뀌어도 변함없이 추구되어야 할 우리의 고유한 가치이자 이 사회를 지탱하는 든든한 밑천이기 때문이다.

제주 해녀의 역사

역사 속의 제주 해녀

제주 해녀의 역사가 언제부터 시작되었는지 확실한 증거는 없다. 다만 문헌 기록상 전하는 내용을 참조할 때, 제주 사람들의 오랜 삶의 역사와 같이했을 것이라고 추정하고 있을 뿐이다.

『삼국사기(三國史記)』(권 19) 고구려본기 문자왕 13년(서력 503) 여름 4월조에 '가옥은 섭라의 소산〔珂則涉羅所産〕'이라는 기록이 보인다. 여기서 '가(珂)'는 제주의 '진주' 혹은 '패류'였을 것으로 예상하고 있다. 진주를 채취한다 함은 전복과 같은 패류 속에서 나왔음을 추정할 때 해녀들의 활동을 연상케 한다.

『고려사(高麗史)』에는 '탐라(耽羅)의 진주'에 대한 기사가 세 번 등장한다. 고려 문종(文宗) 33년(1079) 탐라국의 구당사(句當使) 윤응균(尹應均)이 큰 진주 두 개를 고려에 보냈는데, 사람들은 이를 두고 '야명주(夜明珠)'라고 불렀다는 내용과 충렬왕(忠烈王) 2년(1276)조에 원(元)나라에서 임유간(林惟幹)을 탐라에 보내어 구슬을 채취하게 했다는 것, 이를 얻지 못하자 백성들이 가지고 있던 구슬 100여 개를 탈취하여 돌아갔다는 사실을 전한다.

한편 일본의 사료인『엔기시키(延喜式)』에는 헤이안 시대 초기인 엔기(延喜) 5년(905)의 율령 세칙 중에 "탐라복(耽羅鰒) 6근(六斤)"이라는 기록이 등장하고 있다. 이에 대해 일본학자인 시바료타로(司馬遼太郎)는 '지금의 오사카 만 또는 이세 만 어딘가에 탐라로부터 잠녀들이 자주 와서 큰 전복들을 채취하고 있었다는 이야기...'로 해석하고 있다.[14] 곧, 제주 해녀들이 일본에서 딴 전복을 지칭하고 있음을 알 수 있다.

조선 시대 해녀 관련 기록은 대개가 전복에 관한 기사가 주를 이룬다. 이전 시대의 진주 조공과는 달리 다양한 형태의 전복, 이를테면 추복(搥鰒 : 두드려가면서 말린 전복)·조복(條鰒 : 길고 가늘게 썬 전복), 인복(引鰒 : 납작하게 펴서 말린 전복) 조공 등이 행해졌고, 해녀들의 고달픈 삶과 생활고가 나타나고 있다.

일반적으로 바다에서 이런 물질 활동을 벌이던 여성들을 두고 주로 '잠녀(潛女)'라고 쓰고 있다.

이건(李健)의「제주 풍토기(濟州風土記)」[15](1629)는 '물속에 들어가서 작업하는 여자'라는 의미의 '潛女(잠녀)'라는 어휘 용례가 가장 먼저 나타나는 문헌이다. 주로 "물속에 들어가서 발가벗은 몸으로[赤身露體] 미역을 캐며 남녀가 뒤섞여[男女相雜] 일을 하는데, 부끄럼 없이 일을 한다."고 하고 있다.

이증(李增)의『남사일록(南槎日錄)』[16](1680)에는 지경 안에 남자의 분묘는 아주 적으며, 여염(閭閻)에는 여자가 남자보다 세 곱이나 많다. 부모 된 자가 딸을 낳으면 '이는 나에게 효도를 잘 할 자'라 말하고, 아들을 낳으면 '이 물건은 내 아이가 아니고 바로 고래와 자라의

풍선을 이용하여 노를 저어 작업 장소로 이동하는 해녀들

육지부의 지형을 기준으로 바다밭을 인식하며 뛰어드는 해녀들

먹이'라고 최부의 기록을 인용해 말한다.[17]

이익태(李益泰)의 『지영록(知瀛錄)』[18](1695)에는 증감시킨 열 가지 일〔增減十事〕 중 아홉 번째 대목은 미역 캐는 잠녀에게 전복을 따도록 한 기록이 나온다. 격군과 잠녀의 일이 힘들며, 포작이 바치는 전복의 양이 많은데, 변통의 필요성을 역설했다.

『조선왕조실록』숙종(肅宗) 28년(1702)의 기사는 "이른바 어호(漁戶)로서 배를 부리는 일을 겸하는 격군(格軍)의 아내는 '잠녀(潛女)'라고 일컫는데, 1년 동안 관아에 바치는 것이 포작(鮑作)은 20필(疋)을 밑돌며 잠녀(潛女)도 또한 7, 8필에 이르게 되니, 한 가족 안에서 부부(夫婦)가 바치는 바가 거의 30여 필에 이르게 됩니다."[19]라고 했다.

이형상(李衡祥)의 『탐라순력도(耽羅巡歷圖)』[20](1702) 중 「병담범주(屛潭泛舟)」편은 취병담(翠屛潭), 곧 용연(龍淵)에서의 뱃놀이의 정경을 묘사하였다. 더불어 취병담 옆 용두암 쪽으로는 해녀들의 물질 작업 모습이 함께 그려져 있다. 용두암의 모습과 해녀들의 물질 작업 현장이 세밀하게 묘사된 그림에는 '용두(龍頭)'와 '잠녀(潛女)'라고 표기된 글씨가 있어 눈길을 끈다. 바다 위로는 둥근 테와망사리와 함께 소중기(해녀복) 차림을 한 예닐곱 명의 작업하는 해녀들 모습이 매우 사실적으로 묘사되고 있다.

한편 『조선왕조실록(朝鮮王朝實錄)』숙종(肅宗) 40년(1714)조의 경상도 암행어사 이병상(李秉常)의 보고와 위백규(魏伯珪)의 『존재전서(存齋全書)』「금당도선유기(金塘島船游記)」기록에는 '해녀(海女)'라는 어휘의 용례가 기록되고 있음을 확인할 수 있다.

제주 해녀의 출가

'출가(出稼)'란 말은 해녀 자신들 고향이 아닌 다른 지역으로 이동하여 물질하는 것을 말함인데, 곧 돈을 벌기 위해 타지로 나가 작업하는 형식이라 할 수 있다. 제주 해녀들인 경우 근대기를 겪으며 제주를 떠나 육지부 혹은 외국까지 눈을 돌리게 되면서 출가 물질을 떠나기에 이른다.

새로운 작업 장소를 찾아서 1895년부터 제주 해녀가 경상남도로 첫 출가 물질을 떠나고, 그 이후 제주 해녀들의 출가 물질 범위도 상당히 넓어졌다. 경상도, 강원도, 다도해, 경북, 함경 등 육지부뿐만 아니라 일본 동경, 오사카, 중국 칭따오와 따리엔, 그리고 러시아 블라디보스토크 등 많은 곳에 출가 물질을 나갔다.

당시 일본과 조선 양국의 출가 물질에 대한 직접적인 관련성을 찾아보면 두 가지 현상을 발견할 수 있다. 먼저 일본 해녀가 조선 출가에 따라 두 지역 해녀들의 작업 능력이 비교가 되면서 제주 해녀가 작업 능력 우위의 인정을 받게 되었다는 점이 그 첫째이고, 다음으로는 일본인 잠수 기업자의 조선 진출로 말미암아 수확 물건이 줄어듦과 동시에 자신들의 노동력이 바로 경제적인 가치로 환원되는 인식이 가능해졌다는 점이다.

출가의 방법은 경남, 경북, 전남, 전북, 대마도 등지에는 대부분 5톤의 범선을 이용하였다. 배에는 보통 12~15인이 타고, 연령은 17~30세까지의 여성들이 대부분이며, 이들은 대부분 능력이 뛰어난 상군 해녀들이었다. 그 외에도 사공 1~2명과 6정의 노를 이용하는데,

'제주 해녀 독도에 가다' 사진전(2010) ⓒ 해녀박물관

제주 해녀들은 1953년부터 독도 어장을 개척하고, 3~7월까지 미역을 채취했다. ⓒ 안동립

보통은 해녀가 노를 저었다고 한다.[21]

이러한 출가 물질의 직접적인 동기는 일본 잠수기 어선들의 남획으로 어획물이 줄어듦과 동시에 한편으로는 외부 세계와의 연결망 형성으로 이루어진 것으로 보고 있다.

일본인 학자 마쓰다이찌지(桝田一二)는 제주 해녀가 "이세(伊勢) 및 일본 해녀에 비해서 노동 임금이 저렴하고, 비교적 능률이 높고 추위에 강해서 출가 해녀들의 수는 해마다 증가하여 1932년(昭和 7)에는 1600명이나 되고, 일본 출가 물질 해녀는 고용 관계에 따른 자가 많았다."라고 기록하고 있다.[22]

기선(汽船)에 의한 일본의 출가는 대마도를 제외하고는 대부분 오사카(大阪) 경우이다. 오사카와 제주도 간에는 특별한 경제 관계에 놓여 있었기 때문에, 1922년 군대환(君代丸)의 개통과 더불어 '조선우선(朝鮮郵船)', '니기기선(尼崎汽船)' 등의 여객을 운반했다. 해녀들은 가장 싼 뱃삯으로 도착하고, 그 이후 목적지에는 기선이나 철도에 의해 이동했다. 능력 면에서 뒤진 미에현 이세(伊勢) 해녀는 1929년 이후 조선 땅에서 발을 끊게 되었다.

1930년대 출가 해녀 수와 진출 지역

1937년				1939년			
한반도		일본		한반도		일본	
전라남도	408	쓰시마(對馬島)	750	전라남도	367	쓰시마(對馬島)	686
전라북도	19	고지(高知)	130	전라북도	7	고지(高知)	95

1937년				1939년			
한반도		일본		한반도		일본	
경상남도	1,650	가고시마(鹿兒島)	55	경상남도	1,581	가고시마(鹿兒島)	18
경상북도	473	도쿄(東京)	215	경상북도	308	도쿄(東京)	144
충청남도	110	나가사키(長崎)	65	충청남도	141	나가사키(長崎)	54
강원도	54	시즈오카(靜岡)	265	강원도	60	시즈오카(靜岡)	365
함경남도	32	지바(千葉)	51	함경남도	106	지바(千葉)	67
함경북도	5	에히메(愛媛)	10	함경북도	—	에히메(愛媛)	35
황해도	50	도쿠시마(德島)	50	황해도	14	도쿠시마(德島)	28
합 계	2,801	합 계	1,591	합 계	2,584	합 계	1,492

※ 자료 : 1937년·1939년 통계 수치는 「제주도세요람」의 표를 재작성

　위의 표에서 보는 것처럼 1930년대에 이르면 출가 인원은 5000여 명에 이르게 되며, 1931년부터는 함경북도에까지 출가하게 된다. 1932년 통계를 보면 일본에 출가한 해녀 수는 1600명에 이르고, 1933년에는 소섬 출신 문덕진이 칭따오(靑島)로 가서 포(浦)를 사고 미역 포자를 이식하여 중국 물질을 시작하기도 했다.[23]

　제주 해녀들은 상당 부분 자신들이 지녔던 문화를 변용하고 다른 외부 세계에서 얻은 문화를 수용하면서 환경에 적응해 나갔던 것이다.

제주 해녀의 항일운동

해녀 항일의 전말[24]

제주 해녀의 항일운동은 1932년 전후로, 일제의 해산물 탈취와 해녀들의 생업권 수탈에 저항하여 인간의 존엄성과 생존권 수호를 위해 적극적으로 저항했던 독립운동이다.

일본은 강점 이후 조선의 어업권에 많은 관심을 가졌는데, 1920년 대 〈제주해녀어업조합〉을 만들었고, 이에 제주도사가 해녀어업조합장을 겸하게 되면서 일제의 횡포는 극심해져 갔다.

1930년대 들어오면서 일제 식민지 수탈은 더욱 극심하여 갔고, 해녀들은 생존권 위협을 받게 되기에 이른다. 성산포 천초(우뭇가사리) 부정 사건 이후, 지역 청년들은 사건의 진상을 알리는 격문을 작성하여 성산과 구좌 일대에 배포하고, 이어 1931년에 하도리산 감태 구매시 중량을 속이고 지정 경매 가격을 어긴 부정 사건이 도화선이 되었다.

이후 농민회나 배후 조직이었던 〈혁우동맹원〉은 해녀들을 조직화·의식화했으며, 해녀회 등의 회합에서 관제조합을 분쇄하자는 결의들이 채택되었다.

이 조직은 독립 유공자인 신재홍, 강관순, 문도배, 오문규, 김순종 등이 중심이 되어 1930년 3월 1일에 결성되었다. 일본 식민지 수탈정책으로 생존권을 위협받고 있는 해녀들에게 항일의식을 고취하는 한

1932년 구좌, 성산, 우도를 중심으로 일어났던 해녀 항일운동을 기념하는 행사

편, 야학을 통해 해녀들을 교육하면서 배후 역할을 수행하였다.

구좌읍 하도강습소 1기 졸업생들인 부춘화, 김옥련, 부덕량, 고순 효(고차동), 김계석 등 5인의 해녀 대표들은 청년 민족운동가들과 연 계하여 이 운동을 단순한 생존권 투쟁의 차원에서 항일운동의 차원 으로 끌어올리는 데 공헌하였다.

해녀 항일의 전개

해녀 항일운동이 전개된 상황을 당시《동아일보》와《조선일보》 에 실린 기사를 일자별로 요약해 보면 다음과 같다.

1931년 12월 20일 : 구좌읍 하도리 해녀들은 시위를 결의하고 최고 지 도자 3명과 대표위원 10명을 선출하여 요구 조건과 투쟁 방법을 결정한 후, 배를 타고 제주읍의 해녀어업조합 본부로 가서 항의투쟁을 전개하고 자 하였으나 기상 악화로 실패하고 말았다.

1932년 1월 7일 : 하도리 해녀 300여 명이 세화리 장날을 이용하여 본 격적인 시위를 전개하였고, 해녀어업조합(제주읍)으로 행진 도중 해녀어 업조합 구좌면 지부장이 해녀들의 18개조 요구 조건 해결에 나서겠다고 다짐하자 해녀들은 해산했다.

1932년 1월 12일 : 일본인 다구찌도사가 세화경찰관 주재소를 순시 중인 것을 알고 구좌면 세화리, 하도리, 종달리, 연평리, 성산면 성산리, 시흥리, 오조리 일대 1000여 명의 해녀가 현 세화파출소 동쪽 500여 m 지점에 있는 속칭 '연두망(현 해녀박물관)' 동산에 집결 후 부춘화, 김옥

우도 해녀 항일 기념비(우도 천진항)

련 등이 일제 식민지 수탈 정책에 격렬하게 투쟁하는 항의문을 낭독하였고, 1000여 명의 해녀들은 호미와 빗창을 휘두르며 세화리 주재소를 순시하던 제주도사를 포위하고 격렬하게 투쟁하여 해녀의 요구 조건 8개 항목을 2~3일 내에 해결하겠다는 약속을 받았다.

1932년 1월 23일 : 일본 경찰은 전 지역에 비상 경계령을 발포하고 무장 경찰을 동원하여 세화리 문도배 · 김시곤, 종달리 한향택 · 한원택, 연평리 신재홍 · 강관순 등 수십 명을 검속하여 제주경찰서로 호송하고, 하도리 오문규와 50여 명이 검속(해녀 34명 포함)되었다.

1932년 1월 24일 : 새벽 1시경 검속자 탈환을 위하여 세화리 일본 경찰 주재소에 해녀 1500여 명이 지서 습격 후 자동차를 파괴하고 일경을 구타하는 등 격렬한 투쟁이 일어나자 일경은 긴급히 목포 경찰에 병력을 지원 요청하였고, 전남 경찰부에서는 무장 응원 경찰을 급파하였다.

1932년 1월 26일 : 경찰에서 배후 세력으로 '민중운동협의회'가 활동하고 있었다는 혐의를 잡고 우도에서 청년 11명을 검거하자 우도 해녀들은 배를 둘러싸고 저지 투쟁을 벌였다.

1932년 1월 27일 : 검거자 석방 요구 시위가 전개되어 종달리에서 검거된 40여 명을 석방해 달라고 100여 명의 해녀들이 시위를 전개, 이에 다수의 경관이 출동하여 진압 해산시켰다.

결국 해녀 항일운동은 1931년~1932년 사이의 1년간, 연 인원 1만 7000여 명의 참여와 대소 집회 시위 횟수가 연 230여 회 발생하였으며, 생존권 수호를 위한 투쟁만이 아닌 일제 식민지에 적극적으로 저항했던 제주 여성들이 역사적인 자존을 보여 주기에 충분했다.

지속 가능한
해녀문화유산의 보전과 목록

유네스코 무형문화유산 보호 협약은 2003년 유네스코 32차 정기 총회에서 채택된 무형문화유산 보호 협약으로, 일명 'ICH 협약'이라고 한다.

협약 제2조에서 "무형문화유산이라 함은 공동체, 집단 및 개인들의 문화유산의 관습, 재현, 표현, 지식, 기술뿐만 아니라 그와 관련된 도구, 사물, 공예 및 문화 공간 모두를 의미하고 있다."라고 정의하고 있다.

이와 관련해서 살펴보면, 해녀문화는 '살아 있는 유산(Living Heritage)'으로, 기술·도구·표현·공간·관습 등에서 생업과 문화가 총체적으로 전승 보존될 수 있음을 뜻한다.

이를 정리하면, "해녀문화는 민간의 생업에 따라 생겨난 문화현상으로, 초인적인 나잠수 작업, 물질 작업 관련 몸의 기술과 조수의 이용 등 그녀들만의 독특한 민속 지식 체계를 형성 전승시켜 왔으며, 생업과 함께 생겨난 무속신앙, 노동과 함께 만들어진 민요·언어·공동체 생활에서 이루어지는 사회 조직 등 독특한 문화를 창조하고 전승했다. 이러한 점에서 해녀문화는 유네스코 무형문화유산 보호 협약의 정의에 부합되어 협약의 모범이 될 수 있는 한 사례다."라고 보

바다밭으로 뛰어드는 해녀들

고 있다. 제주특별자치도는 「제주특별자치도 해녀문화 보존 및 전
승에 관한 조례」(2009년, 조례 제548호)를 제정하고, 해녀문화의 보존
과 전승을 위하여 5년 단위로 기본 계획을 수립하여 시행하고 있다.
이 중에서 지속적인 전승 보존과 세계화를 위한 가장 좋은 장치는 조
례 제3조 3항의 '제주 해녀 관련 무형문화재 및 민속 자료 유네스코
(UNESCO) 무형문화유산 등재 및 자원화' 항이다.

　　그리고 '해녀문화'라는 용어의 정의와 함께 그 문화적 가치 창조
와 전승 보존에 대한 의의도 강조하고 있다. 곧 '해녀문화'는 제주 해
녀들의 작업인 '물질(물일)'과 함께 만들어 놓은 유·무형의 문화유산
을 말하며, 나잠 기술·어로·민속 지식·신앙과 노래·작업 도구와
옷, 공동체의 습속이라고 정의하고 있다.

　　제주 해녀와 관련한 유산의 명칭은 '제주해녀문화'이고, 관련 공동

체는 제주도 내의 100개 어촌계 및 〈잠수회(해녀회)〉 또는 〈해녀문화
보존회〉를 들 수 있다. 공동체의 범위는 개별 공동체가 남아 있지만
제주도 전역의 해녀가 포함된다.

해녀 작업과 바다 이용

물질 기술과 민속 지식

해녀들의 물속 작업을 '물질(자맥질)'이라고 하는데, 이는 고도의
기술을 요한다. 숨을 참고 15m나 되는 물속에서 1분 이상 작업할 수
있는 '초인적'이라고 평가되는 물질 기술은 물속에서 자신의 몸이 적
당한 수압에 견디어 내고 산소의 양을 감지하고 수면까지의 거리를
가늠하여 잠수 시간을 조절하는 것이 중요하다.

또한 해녀에게는 추위를 극복하고 수압에 견디기 위한 현대식 물옷
과 강한 고막의 필요성이 강조된다. 신체적인 면에서 여성들은 피하
지방이 남성보다 깊어 추위에 잘 견딘다고 하는데, 해녀의 주요 활동
근거지 분포 지대선은 8월 바닷물 수온이 17℃ 등온선을 중심으로 나
뉘며, 북쪽 지대로는 일본 도서 해안을 따라 서쪽 방향으로 대한해협
쓰시마 섬을 지나 제주도에 이른다[25] 는 고찰은 참고할 만하다.

해녀들의 민속 지식 중에서 바다 지형에 관한 이해는 어장을 발견
하여 어로 활동을 성공적으로 하기 위한 전략으로 필요하다. 해녀들
은 보통 나이가 10세경이 되면 물가에서 물헤엄을 배우고, 16세가 되

바다에 밀려온 풍초를 줍는 노해녀와 손주

면 기술을 익혀 완전한 해녀가 된다. 해녀 사회에서는 능력별로 상중하가 있어서 3, 40세 이상이 되면 어장 지형을 완전히 숙지하고 암초와 같은 지형물의 특성을 터득하여 전복과 같이 중요한 해산물이 있을 만한 곳도 가늠할 수 있는 상군 해녀로 성장한다. 그래서 깊은 물속에서 오랜 시간 잠수하여 많은 양의 해산물을 따올 수 있고, 바다 어장에 대한 지식도 완벽히 알 수 있다.

작업이 능숙한 해녀들을 '상군'이라고 지칭함은 해녀 사회에서 가장 값나가는 전복이 많이 나는 어장의 암초에 따라 생산되는 해산물 등의 생태에 관한 지식을 숙지하게 됨인데, 아울러 이들에 의해서 개별적인 바다 어장에 대한 지식과 명칭들도 고정적으로 구전되고 있다.

이는 곧, 해녀들은 물속에 들어가서 암초와 같은 바다 지형뿐만 아니라 바다 환경에 적응해서 해산물이 있는 장소를 감각적으로 익히고 자신이 작업하는 장소를 인지함으로써 얻은 지식이다. 그리고 이러한 훈련과 지식 습득은 짧은 시간에 이루어진 것이 아님을 알 수 있다.

작업 시기

바다 어장에 대한 지식은 "어머니는 딸에게조차 전복이 있는 장소를 가르쳐 주지 않는다."고 할 정도로 자신의 경험 지식이 강조되곤 한다.

해녀들은 해산물의 작업 시기와 금채기를 지정하여 작업하고 있는데, 이는 어장이나 해산물의 생태에 대한 민속 지식의 축적에서 이루어진 것으로 볼 수 있다. 계절에 따라 생태 지식을 활용하여 해산물의 산란기를 피하며 작업에 임하고, 자연의 이치에 순응하면서 자원을 관리하고 생산과 소비적 측면에서 조화롭게 대응했다.

해산물 채취 시기

	구좌읍 하도리	우도면	금채기
톳	3월~4월 초	2월 그믐부터 4월 말	
천초	5월 초~6월 말	3월 중순부터 5월 말	
오분자기, 문어	수시	수시	
전복	연중(산란기 제외)	3월~8월	10월 1일~12월 31일
소라	전년 10월~5월 말	10월~3월	
성게	2월~6월	5월~10월	
해삼	연중	10월~3월	7월 한 달 금지
청각		7월~8월	
감태		7월~8월 말	
넙미역		5월 말~6월 중순	

물때

해녀들의 작업은 보통 '물때'라고 하는 조수간만의 차에 의해 결정된다. 지역마다 조금씩 다르지만 조수간만의 차가 적은 제주시는 '조금'부터 '여섯물(음력 7~14일, 23~29일)'까지로 설정하여 그 작업 기간 동안에 작업한다.

곧 해녀들이 이용하는 물때의 특징이란, 조수의 방해를 받지 않는 작업 기간을 의미한다. 목표로 하는 장소에 정확히 들어갈 수 있고, 또 물 위로 올라왔을 때 짊는 테왁과 해산물을 담는 용구인 망사리가 조수 흐름에 흐르지 않으며, 그 자리에 떠 있어서 잡은 해산물을 효율적으로 넣을 수 있음을 고려한 것에 근거한다.

이처럼 조류를 이용하면서 바람의 방향을 살피고 그에 따라 작업

물질 나가기 전 어촌계장의 지시를 기다리는 해녀들

일자와 장소도 결정된다. 이는 해녀들이 바다의 조수를 이용하고 환경에 적응했던 물질 경험에서 축적된 민속 지식으로 볼 수 있다.

뱃물질

뱃물질이란, 섬과 같이 해안에서 거리가 멀리 떨어진 어장으로 작업을 나갈 경우는 배(관리선)를 이용하여 왕복하는 것이 그 특징이다. 혹은 작업 초기에 바다로 나갈 때는 헤엄쳐 가더라도 채취한 해산물이 무거워 배를 이용하는 방식도 이에 포함된다.

보통, 뱃물질에 이용되는 배를 두고서 '해녀배' 또는 '관리선'이라

잡은 해산물을 배에 싣고 돌아오는 해녀들

고 하는데, 이에 소용되는 뱃삯은 생산량에 따라서 요금이 적용되기
도 한다.

작업 어장

마을 어장

바다 어장 이용은 마을 어업권자인 어촌계가 해당 구역 행정 시장
으로부터 '어업 면허증'과 어업 자원 보호법에 의한 '허가증'을 받음
으로써 그 절차를 삼는다. 또한 어촌계장은 해녀들과 '마을 어장 행

사계약서'를 10년 단위로 체결해서 계약하는데, 자신이 가진 어업권의 행사 관리권은 타인에게 양도하거나 매매할 수 없도록 명문화되어 있기도 하다.

공동 어장

공동 어장이라고 함은 행정 구역 단위 어촌계별로 어장 구분이 되어 있어 관행상 공동으로 사용하며, 별도의 규약을 정해서 작업하는 바다를 지칭한다.

예컨대, 하나의 섬인 비양도의 경우 바다 어장은 대개 한림읍 관내 마을 해녀들이 참여한다. 한림읍 금능, 협재 공동 바다인 속칭 '지미바당'은 금능과 협재의 경계 영역에 속하며, 한 해에 네 번 두 마을이 공동으로 기간을 정해서 작업한다. 그리고 한경면 판포와 금등은 공동 어장 합의 내용에 따라 작업한다.

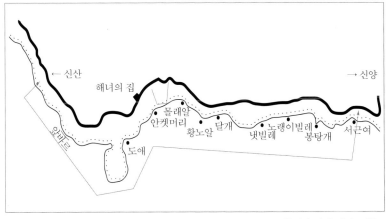

온평리 바다 어장 구역도

테우를 이용한 물질 작업

　한편 이와는 좀 다른 형태의 공동 어장의 경우, 해초 등 바다풀이 많아 전복이나 오분자기, 해삼 종패의 먹이가 되는 바다 어장을 특별히 관리하고 공동으로 작업하여 해산물을 생산하는 곳도 있다. 이곳을 '협동 양식어장'·'양식장'·'공동 작업장'이라고 하며, 일정 지역은 몇 년간 채취를 금하기도 하고, 연간 작업을 두 차례 혹은 대여섯 차례 정해서 작업한다. 각 어촌계별로 자신들 규약을 정하고 그에 따라 관리하며, 거기서 생산되는 해산물 판매 수익금도 참여자가 일부만을 받고 나머지는 어장 관리나 기타 자금으로 이용하는 공동 자금으로 삼는다. 어장 관리를 위한 종패는 자체 자금과 행정 예산에서 무상으로

물질 작업 후 온 식구가 도와서 성게를 깐다.

분배하거나 자체 자금과 행정 보조 대금으로 구입하여 뿌린다.

기타 어장

서귀포시 일부 어촌계에서는 지역민들과 관광객들에게 '바룻잡이' 바다 어장을 개방하고 있다. 일정 구역 바다만이 아니라 날짜를 정해서 보말이나 성게 등 가까운 조간대에서 나는 해산물을 잡도록 허용했다. 축제를 열어 '관광객을 위한 바다'를 열기도 하고, 바다 어장에서 낚시나 바다 속 해산물 채취 등의 체험을 위하여 유어장을 열기도 했다. 이 밖에도 '할망바당('할머니바다'라는 뜻)'이라는 특수 어장도 있다. 나이 든 노인 해녀들을 위해 먼바다의 소라 중 크기가 작은 것을 가까운 앞바다에 뿌려서 잡을 수 있도록 배려한 어장이다.

이를테면 가파도의 경우, 65세 이상(24명)의 해녀들을 위한 바다로 수심 4~5m 되는 전역의 바다 어장을 지정해서 노해녀들 수익을 위해 다른 해녀들이 들어오지 못하도록 하고, 그물로 잡힌 규격 미달 8cm 미만의 잔 소라 500~800kg을 투입해서 10~12cm 정도 자라면 잡도록 하는 두 사례를 들 수 있다.

일부 어장을 목적에 맞게 지정하여 해산물 판매 금액으로 마을 이장의 수고비를 마련하기도 하고, 아이들 교육을 위해 일부 어장을 '학교바당'으로 지정하여 학부모들이 해산물 채취로 번 돈을 학교 운영비로 사용하도록 했다. 이의 대표적 사례가 온평리의 경우이다.

성산읍 온평리에 위치한 학교바당이 유명한데, 신양리와 신산의 경계 바다에서 해녀들이 따온 미역의 1/2를 학교 재건 기금으로 내놓았다. 이후 '학교바당'이라고 칭하며, 온평초등학교에 '해녀 공로비'를 세워 그 공로를 기리고 있다.[26]

해산물 판매와 해녀의 집 운영

해녀들이 잡아 온 해산물은 거의 전량이 수협으로 계통 판매되어 일본 등지로 수출하고 있는데, 나머지 해산물인 경우도 계약 상인을 정해서 입찰 단가 규칙을 정하고, 전량 판매되면 어촌계를 통해 해녀들에게 돈이 지불된다. 특히 해산물 중 소라, 우뭇가사리 등의 판매 실적은 바다 어장 생산물 생산량을 정하는 가장 기초적인 자료가 된다.

성게 작업을 하는 고산리 해녀들

해녀들의 판매 수익금의 분배는 대체적으로 구좌읍 김녕리 사례가 대표적이다. 예로 든다면 어촌계 수수료 2%, 행사료 2%, 수협 4.5%, 동별 대행료 1.5%를 제한 후 개별적으로 채취한 만큼 개인 소득으로 인정함을 통상 관례로 삼는다.

해녀들이 관광객을 위해 운영하는 '해녀의 집' 판매도 직접 해녀들의 소득과 연결된다. 성산과 서귀포 관내의 '해녀의 집'에서는 해산물을 이용하여 전복죽, 깅이죽(게), 문어, 소라 등을 판다. 주로 관광객을 상대로 영업하고 있으며, 어촌계원인 해녀들이 조를 짜서 번갈아 가면서 요리를 하고 판매하는데, 하루 일당을 벌고 해녀 공동체의 공동 자금으로 삼기도 한다.

해녀 공동체와 바다 어장의 이용

해녀 공동체의 상징과도 같은 '불턱'은 바닷가에 돌담을 쌓아 올려 바람을 막고, 사람들의 시선을 피해 옷을 갈아입던 곳이다. 이곳은 해녀들 간의 정보 소통의 장소일 뿐만 아니라 상호 협조를 재확인하고 의사 결정과 물질 학습이 이루어지던 곳이다.

어촌계의 바다 어장 관련 규약과 해신당과 같은 무속 의례도 해녀 공동체를 존속하는 데 중요한 역할을 했다. 규약에는 해녀회 구성과 운영, 해산물의 금·해금과 관련하여 채취물의 채포 및 금채에 관한 사항을 정하고, 어장의 어업권과 경계 지정 등을 포함하고 있다.

해녀 노래

제주 해녀 노래는 '배젓는소리', '이엿싸소리', '네젓는소리(노젓는 소리)', '잠수소리' 등으로 다양하게 불리고 있다. 해녀 노래는 과거 제주 해녀들이 돛배를 타고 노를 저으면서 불렀던 '해녀 노젓는 소리'를 말한다.

한편, 제주 해녀 20여 명이 한 배를 타고서 남해안, 전라도, 경상도, 강원도까지 출가(出稼) 물질을 떠나거나 작업 장소까지 갈 때 직접 번갈아 노를 저으며 노래를 불렀다는 데서 연유된 것이라는 인식도 있다.

이 노래의 가창 방식은 선소리와 후렴으로 구성되는 '선후창', 혼자만의 구연으로 이루어지는 '독창', 그리고 선소리와 홋소리 모두가 의미 있는 사설을 부르는 '교창(交唱)' 형식으로 구분된다. 특히 교창은 고정된 사설과 삶을 노래하는데, 개인적 정서를 표출하면서 부를 때 자연스런 구연이 가능하다.

곧, 해녀 노래는 해녀들의 삶을 통해 빚어진 생활의 문학이자 예술로서 밭농사처럼 바다 물질 작업으로 생계를 이끌어가는 제주 여성들의 노래인 것이다. 바다 노동이라는 특수 상황에서 빚어지는 노동 기능성으로 창자층이 제한되어 있는 것처럼 보이나 바다 근처 마을에 살았던 물질 경험이 있는 제주 여성이 부르는 대표적인 민요로 볼 수 있다.

또, 해녀 노래는 노동 속에서 생겨난 노동문학으로 볼 수 있다. 그러나 외부 관찰자가 바라보던 시각은 다양해서 "제주 여성들은 강하다", "고난을 극복하는 힘을 지닌 노래들이다."라고 느낀 정서를 표출한다. 그 가사를 소개하면 다음과 같다.

이어도사나	이어도사나
이어싸나	이어싸나
요넬젓고[27]	어딜가리
진도나바당[28]	흔 골[29]로가게
이어도사나	이어도사나
삼돛 둘 앙[30]	배질흔 게
선주사공	노념[31]이여
붓대나심엉[32]	글잘쓰긴
서울양반	노념이여
이여도싸나	이여도싸나
혼목을젓엉	남을준덜
허리나지덕	배지덕말라
이어싸나	이어싸나
잘잘가는	잣나무배가
솔솔가는	소나무배가
우리야배는	잼도재다[33]
춤매[34]새끼	느는듯이[35]
처라 자리야	잘잘 잘도간다

〈해녀노래〉는 성읍민요와 더불어 1971년 '제주민요'로 국가지정

〈해녀노래〉 보존회의 무료 강습

일명 '해녀 노젓는 소리'는 제주특별자치도 무형문화재 제1호로 지정, 전승 보존하고 있다.

〈해녀노래〉 상설 공연 ⓒ 해녀박물관

무형문화재로 지정 전승되다가 1989년에 도지정 무형문화재 제1호로 재지정, 전승 보존하게 되었다.

특히 〈해녀노래〉 보유자의 경우, 1993년에 구좌읍 행원리 보유자 고(故) 안도인이 지정된 이후 2005년에 강등자, 김영자가 보유자가 되었다. 이들 보유자들은 2007~2009년까지 해녀박물관에서 〈해녀노래〉 전승 교육을 담당하고 전파하는 데 전환적인 역할을 담당하기도 했다.

무속신앙

해녀들의 무속신앙 속에서 찾을 수 있는 신에 대한 인식은 특히 두 무속 의례에서 찾을 수 있다. 하나는 어부와 해녀들에 의해 영등 2월에 치러지는 영등굿의 '영등신'이고, 〈잠수회〉 중심으로 치러지는 잠수굿의 '요왕신'이다.

무속 의례

영등신과 요왕(용왕)신

영등굿에 나타나는 신의 명칭은 '영등' 혹은 '영등할망'이라고 하고, 신의 명칭을 따서 제명을 '영등맞이', '영등손맞이'라고 한다. 곧 이 영등신은 '손'으로, 외방신의 성격을 가지며 여성성을 부여하고 있는데, 이는 풍요와 다산적 의미를 지니고 있다.

당에서 치러지는 굿인 경우는 당의 주인이라 할 수 있는 본향당신에게도 제를 지낸다. 제주칠머리당 영등굿에서는 영등신, 바다를 관장하는 요왕신뿐만 아니라 소속의 본향당신(本鄕堂神)인 도원수감찰지방관(都元帥監察地方官)과 요왕해신부인(龍王海神夫人)신에게 제를 올린다. 본향신인 '도원수감찰지방관'은 마을 전체의 토지, 행사, 생업과 호적 등 주민 생활의 전반을 차지해서 수호하고, '동해요왕해신부인'은 어부·해녀의 생업과 외국에 나간 주민들을 보호해 준다고 믿고 있다. 물론 제를 올리는데 무당은 사제로서 역할을 한다.

영등굿에서는 '외눈배기섬'이나 '강남천자국'에서 영등신이 온다고 하고 있다. 이 신을 환영하고 환송하는 굿을 치르는 것은 '외눈배기' 괴물에 잡혀간 제주의 어부를 구출하여 돌려보내 준 영등신에 대

우도 영등굿

한 감사에서 연유한다. 특히 영등신은 미역·전복·소라·천초 등 해산물 씨앗을 갖고 와서 제주 전역에 뿌리고 떠난다고 믿고 있다. 곧 영등신은 어부나 해녀들의 해상 안전과 생업의 풍요를 가져다 주는 풍요신이면서 음력 2월 초하룻날 한림읍 귀덕리 '복덕개당'으로 들어와 해산물의 씨앗을 뿌리고, 2월 15일에 우도를 통해 나간다고 믿는다. 외방신으로서 영등신의 내방처는 '강남천자국' 혹은 '외눈배기섬'이라고 하는데, 해양과의 수평적인 사고를 엿볼 수 있다.

또한 바다 밑에 있다고 믿는 요왕신은 '용왕'으로 인식되고 있다. 해녀들은 작업장인 바다에는 자신들을 지켜 주는 용왕이 존재한다고 믿고 있다.

잠수굿과 요왕(용왕)맞이

• 무속 의례 1 구좌읍 김녕리 잠수굿

구좌읍 김녕리 잠수굿은 해녀들의 안녕과 해산물의 풍요를 기원하는 굿으로 유명하다. 제물 준비나 모든 의식을 치르기 위해 드는 비용은 〈김녕리 잠수회〉 공동으로 치러져서 생업과 의례가 하나가 된 모습을 볼 수 있다. 구좌읍 김녕리 '잠수굿' 의례는 해녀들 독자적인 신앙 의지를 더욱 확고히 하여 공동체 의식이 잘 반영되고, 해양 신앙의 원형을 잘 간직하고 있다고 할 것이다.

이곳 본향당인 김녕리 성세기당은 동해 용왕의 셋째(말젯) 아들을 신격으로 모시고 있는데, 이 신은 어선과 해녀들을 관장하여 매달 1일, 8일, 18일을 제일로 삼아 제를 받는다.

특히 해녀들의 무속 의례로 나타나는 것은 '잠(줌)수굿'이다. 김녕리 잠수굿은 음력 3월 8일이 제일이며, 매인 심방은 서순실이다. 제물 준비나 의식을 치르는 비용은 해녀들이 부담하고, 모든 행사가 공동으로 치러지며, 제차는 영등굿과 대개 비슷하나 해녀 사회의 물질작업과 깊은 연관이 있다. 또 바다밭의 풍요를 기원하기 위해 농경신인 '자청비', 여신 신화와 관련된 '요왕세경본풀이'를 구연한다는 점에서 큰 의미가 있다. 곧 농사의 풍요와 마찬가지로 바다밭의 풍요를

신에 바칠 제물을
담은 배방선용 짚배

김녕리 잠수굿 '요왕질침' 제차의 요왕길

기원하는 상징적인 의례로서 성격이 강하게 드러나고 있다.

그리고 액막이로 '요왕차사본풀이'를 하여 바다에서 죽은 영혼들을 저승으로 잘 보낸다.

• 무속 의례 2 구좌읍 하도리 요왕맞이

구좌읍 〈하도리 잠수회〉 공동으로 치러지는 집단 의례로서 요왕맞이가 있다. 해녀의 물질은 위험하여 사고로 인해 죽음에까지 이르는 경우도 있어서 무속 의례는 정신적으로 자신들을 보호할 수 있는 방패와도 같은 것이다. 안전과 풍어를 기원하는 신앙처인 '각시당'에 좌정한 신은 '남당하르방'과 '남당할망'이다.

과거에는 '영등환영제'와 '영등송별제'가 현존하는 영등굿 형식으로 생업과 신앙이 하나가 되어 의례를 행하다가 현재 '요왕맞이' 형태로 축소되었다.

해신당과 관련한 속담 중에 "요왕에 갈 땐 앞더레만 보라."고 할 정도로 엄숙한데, 바닷가 용왕님께 정성을 드리러 갈 때는 지나가는 사람과 쓸데 없는 말을 걸지도 말고 한눈도 팔지 말고 가서 정성을 다하라는 뜻이다.

한편, 개인 의례로 음력 정초에 '본향당'에 가서 비는 '비념', 바다 용왕에게 바치는 '지드림' 행사가 있다. '지드림'은 영등굿 제례가 종료된 때이거나 신년이 되어 처음 물질 작업을 시작할 때에 개인적으로 제물인 밥이나 쌀을 한지에 싸서 실로 묶어 바다에 던지는 것을 말한다. 이는 물에서 작업하다 돌아가신 조상의 영혼을 위로하여 바치는 조그마한 정성과도 같다. 지드림 행사에서 '지'의 종류는 요왕에게 바치는 '요왕지', 물에 빠져 죽은 조상들을 위해서 바치는 '조상지', 자신의 안전을 위한 '몸지', 자식들의 건강과 안녕을 기원하는 '식구지'가 있다.

해신당

해신당은 무속신앙과 관련되면서 세시행사에 따른 공동 의례를 집행하고, 해녀들 개인이 기원하는 곳이다. 제주 여성들은 자신을 보호하기 위해 무속의 샤머니즘을 유지했다. 해녀 일은 위험하고 큰 사

구좌읍 하도리 해신을 모신 성소, 일명 '정순이할망당'

애월읍 애월리 해신당

고가 일어나거나 죽음에까지도 이르는 경우도 있어서 해녀 자신들을 보호할 수 있는 정신적인 무기[36]와도 같은 역할을 했다.

특히 무속신앙 중 해신당은 물질 작업의 안전과 풍어를 기원하는 곳으로, 좌정한 신 역시 바다의 용왕과 관련되는 '요왕'이 좌정하거나 '용해국대부인', '용녀부인', '남당할망'과 더불어 주로 배의 신인 선왕이 좌정해 있다.

대개의 해신당에는 바다와 관련된 신들이 좌정하고 있는데, 해녀들은 용왕신을 향해 풍어와 안전 조업을 기원하는 줌(잠)수굿을 한다. 이곳에는 어부와 관련된 '뱃선왕신'이라고 하는 '선왕신'과 '요왕신'이 좌정하기도 하고, '용녀부인', '동이용왕말젯똘애기', '궁전요왕대부인' 등의 신명을 지닌 신들이 좌정하고 있다.

전통 물옷과 물질 도구

해녀들이 작업할 때 입는 전통 복장인 '물옷', 전복을 따기 위한 '빗창', 부력을 이용하여 해산물의 무게를 지탱하면서 짚고 이동하는 '테왁', 해산물을 분류하여 넣는 '망사리(망아리, 망사리, 홍사리, 홍아리)', 해조류를 베기 위한 낫과 호미와 같은 도구는 물질 작업을 효율적으로 하기 위한 욕구와 민속 지식 총합의 결과다.

해녀들은 물옷을 입고 위의 도구들을 가지고 잠수한다. 그래서 각 상황에 따라 물질 도구를 이용한다. 이 도구는 해녀들의 나잠 물질을 표상하는 귀중한 생업 도구이다.

- **빗창** : 전복을 뗄 때 사용하는 30cm 정도의 날카로운 철제 도구이다.
- **테왁** : 누렇게 잘 익은 박을 타서 꼭지를 피해 구멍을 내고, 거꾸로 매달아 두세 달 있다가 물이 마르면 대막대로 씨를 파내어서 텅 비게 말린 후, 구멍 낸 부분에 물이 들어가지 않게 막는다. 막을 때는 고무풀을 대신 사용했는데, 이처럼 박으로 만든 테왁을 '콕테왁'이라고 한다. 70년대 이후 스티로폼을 이용한 스티로폼 테왁이 있다.
- **종게(개)호미** : 해조류인 모자반이나 톳 또는 미역을 벨 때 쓰는 낫을 말하고, '중게호미'라고도 한다.
- **망사리** : '망아리'라고도 하며, 억새풀의 속껍질인 '미'를 이용하여 그물처럼 짜서 채취한 해산물이 새어나오지 못하도록 한다.
- **작살** : '소살'이라고 하며, 해녀들이 물고기를 잡을 때 쓴다.
- **호멩(맹)이류** : '골각지'라고도 하며, 오분자기나 성게와 문어를 채취할 때 쓴다. 긴 것은 문어를 잡을 때 사용하고, 짧고 날이 날카롭게 된 것은 오분자기를 잡을 때 쓴다.
- **질구덕** : '물구덕'이라고도 하며, 해녀 기구와 채취한 해산물을 넣어 다니는 대바구니로, 해녀들은 등에 짊어지고 다녔다. 물이 흐르는 것을 막고 등에 무리가 가지 않도록 등받침을 사용했는데, 이를 '고애기'라고 한다.
- **눈과 눈곽** : 바다 밑을 들여다보기 위해 쓰는 수경으로, 19C 말부터 20C 초에 들어 쓰기 시작했다. 테두리가 구리로 된 작은 소형 쌍안경인 '족쇄눈'을 주로 사용하다가 점차 쇠로 된 단안경인 '쇄눈', 70년대 이후 고무눈의 단안경인 일명 '왕눈'을 사용하였다. 안경을 가지고 안전하게 이동할 때 사용하는 나무상자인 '눈곽'이 있다.

- **테왁닻과 본조갱이** : '테왁닻'은 물속 작업 시에 테왁이 멀리 흐르지 않도록 망사리에 적당한 크기의 돌을 넣거나 매달아 작업했다. '본조갱이'는 '본'이라고도 하는데, 전복 껍데기를 주로 사용했다. 흔히 전복과 같은 귀한 물건을 잡으려다 숨이 짧아서 채취하지 못했을 때는 밑에 놓고 물 위로 올라왔다가 다시 빛이 나는 곳으로 잠수해 들어가서 해산물을 채취하게 되는 것이다.

- **물소중이** : 해녀의 전통 옷으로서 소중이·소중기·물옷·속곳·해녀복으로 불렸으며, 접두어 '물'이 붙어서 '물소중기', '물속곳'으로 불렸다. 물소중이(물소중기, 물속곳)를 처음 입은 것은 1930~1940년대로 추정하고 있으며, 1970년대 이후 고무로 된 물옷, 일명 '고무옷'으로 바꿔 입었다.

- **물적삼** : 물소중이 위에 흰 무명으로 만든 물적삼을 입는데, 추위를 막거나 해파리나 해충으로부터 몸을 보호하는 역할을 했고, 1960년대 이후 상용화해서 입었다.

- **이멍거리, 물수건, 까부리** : 이마에 두르는 머리띠로, 상어와 같은 위해 동물을 물리치는 데 쓰인다. 상어들은 길고 하얀 물건에 놀래어 달아난다고 한다.

- **뚜데기** : 방한용 숄로, 물질 갔다 온 후 불턱에서 둘러쓰기도 하고, 이불 대용으로서 추위를 막는 데 썼다.

- **물채** : 누벼서 만든 상의로, 물질 갔다 온 후 추위를 덜기 위해 방한용으로 입는다.

- **손복따** : 해산물을 채취할 때 손가락에 끼는 것으로 손가락 다치는 것을 막았다.

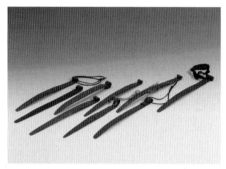

빗창 ⓒ 해녀박물관

테왁망사리(박) ⓒ 해녀박물관

쌍눈인 족쇄눈 ⓒ 해녀박물관

종개호미 ⓒ 해녀박물관

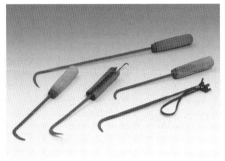

호맹이 ⓒ 해녀박물관

쇄눈 ⓒ 해녀박물관

테왁닻 ⓒ 해녀박물관

연철 ⓒ 해녀박물관

까부리 ⓒ 해녀박물관

조락 ⓒ 해녀박물관

물소중이 ⓒ 해녀박물관

물소중이 위에 덧입는 물적삼 ⓒ 해녀박물관

해녀 공동체

해녀들은 물질 작업의 특성상 자신들의 공동체를 형성하고 나름대로 규약(향약)을 지키면서 살아가고 있다. 연령과 기량, 덕성에 따라 상·중·하군으로 나뉘며, 불턱에서도 해녀의 지위에 따라 자리가 정해지는 등 엄격한 위계 질서를 가지고 있다.

특히 해녀 공동체에서는 연장자의 의견을 존중하는 전통을 가지고 있고, 웃어른은 그만큼 해녀 사회의 귀감이 된다.

해녀들의 조직인 〈해녀회〉는 신입 해녀들을 교육하는 한편, 어장 이용에 대한 규칙 등을 자율적으로 결정하는 등 의사 결정 기관 역할을 수행하였다. 이런 활동은 주로 불턱에서 이루어졌으며, 물질에 필요한 정보를 교환하고, 바다밭에 대한 예비 지식과 사전 정보를 얻으며 해녀들 간의 상호 협조를 재확인하였다.

이러한 자연스러운 어업 공동체는 이미 구한말부터 '계(契)'의 형태로서 자생적으로 이루어졌으며, 이후 출가 해녀의 권익 보호를 목적으로 조직되었다.

지연·혈연에 따른 상호 협동 조직인 계 조직으로, 해녀들의 복리 증진을 위한 제주도해녀어업조합이 설립되고(1920년), 이어서 추자(1919년)·서귀(1925년)·성산포어업조합(1928년)이 설립 운영되었다.

1936년 추자도어업조합을 제외한 도내 어업조합과 해녀어업조합을 통폐합한 제주도어업조합이 조직되었고, 수산업법의 제정에 따라 1962년에 제주시·서귀포·한림·추자도·성산포·모슬포수산업협동조합도 설립되었다.

작업 나가는 해녀들

마을 자체 필요성에 따라서 이루어진 향약은 바로 해산물, 입어 자격, 어장 관리 등을 규정함으로써 해녀 공동체를 이끌어가는 규약으로 그 나름의 법적 효과를 지니기도 했다.

제주 해녀의 속담

제주 해녀의 언어 표현은 속담에서도 찾을 수 있다. 짤막한 문장으로 나타난 언어는 그들 삶의 표출이라 할 수 있다.

• **질쌈ᄒ는 할망은 천이 닷필이곡, 물질ᄒ는 할망은 죽언 보난 단속곳도 읏나**(길쌈하는 할머니는 천이 다섯 필이나 있지만, 물질하는 해녀는 죽고 보니 속내의 한 벌도 없다.).

→ 해녀 물질을 길쌈에 비유하였다. 해녀들은 바다에 가서 물질하는 것을 상당히 부끄러운 일로 여겼으며, 늙어 버린 자신의 모습을 보고 허망함을 표현했다. 힘이 부치도록 열심히 돈을 벌면서 살아왔으나 막상 나이가 들어 보니, 가진 것이 전혀 없고 초라하여 비참하기만 하다. 해녀들 자신의 위상을 말한 속담이다.

• **물에 들 땐 지에집을 일루왐직 가곡, 돌아올 땐 똥막살이 풀암직이 온다**(물에 들어갈 때는 기와집을 이룰 것처럼 가고, 돌아올 때에는 보잘 것 없는 오두막도 팔 것처럼 돌아온다.).

→ 바다로 잠수질 하러 갈 때는 돈을 벌어서 기와집을 살 것처럼 의지에 차 있으나 막상 잠수 작업은 쉬운 일이 아니다. 나이가 들면 기량에서도 차이가 나고 물질 작업은 점점 더 어렵다. 떠날 때

젊은 해녀의 미소가 당차다.

과거에는 해녀들이 물질 나가기 전에 짬을 내어 아기에게 젖을 물렸다.

의 의욕은 사라지고 의기소침해서 돌아오는 해녀의 모습을 잘 표현하고 있다.

- **줌녀 아긴 놔뒁 사흘이민 물에 든다**(해녀는 아기를 낳고, 사흘이면 물에 든다.).

  → 해녀는 아기를 낳은 후 사흘 정도 지나면 물에 들어가 작업할 정도로 그녀들의 삶은 고달프다. 물질에 대한 근면성과 더불어 제주 해녀들의 삶의 질곡을 헤아릴 수 있다.

- **줌녀 아긴 일뤠만에 것 멕인다**(해녀가 낳은 아기는 일 주일 만에 음식을 먹인다.).

  → 해녀가 일을 나가면 아기를 돌보는 이는 아기업개 또는 나이 든 할머니들이다. 태어난 아이를 안고서 마냥 젖을 물릴 날도 7일 정도에 불과하다. 그 외에는 젖 먹이는 대신 음식을 먹이게 되는 것이다.

앞으로의 전망

　제주 해녀의 활동이란 호흡 장치 없이 맨몸으로 잠수하고 물때에 맞춰 날짜와 시간을 제한하여 수확량을 조절하며 영위되었다. 그리고 재생 가능한 환경 조성을 위해 매달 날짜를 정해 청소하면서 지속 가능한 해양 환경 조성에 힘써 왔기에 21C 자연 보존형 롤(role)모델이라 칭할 만도 하다.

　현재 도내에서 활동하는 해녀의 수는 4500여 명에 이르고, 이 중 대부분이 고령에 해당한다. 이러한 상황에서 자연과 공존하는 전통적인 작업 형태란 상당한 변화가 예상되고, 이런 추세에 따라 해녀문화 유산마저 자연 소멸될 위기에 처해 있다고 해도 과언이 아니다.

　제주 해녀문화가 유네스코 무형문화유산에 등재가 된다 하더라도 생업과 문화가 지속되지 않는다면 아무런 의미가 없다. 우리는 긴 역사 속에서 각인된 제주 해녀의 남겨진 기억들에 대한 현지 보존과 함께 미래 지향의 존재 구현으로 그 가치를 추구하고, 자연의 이치에 대한 겸손과 미덕으로 상호 배려하는 모습을 배워야 한다.

　특히 해녀 활동사 중 근대기 출가 물질로 동북아 바다를 누비면서 제주 사회의 경제 부흥에 이바지한 점, 일제 강점기인 1932년에 발생한 해녀 항일의 빛나는 여성 항일운동의 역사 등은 후손들에게 잘 전해야 하는 우리의 소중한 역사적 사실이다. 또한 현행 어촌계 내의 〈잠수회〉 결성과 공동체 문화의 역할 인정 등의 과제가 선행되어야 하며, 더불어 해녀의 위상 역시 해양 생태계에 대한 다양한 지식과 유·무형의 문화유산을 간직한 '전통 지식 보유자'로서의 가치를 인정받아야만 한다. 이는 곧 그녀들이 제주 사회에 기여해 왔던 공을 인정하는 일임과 동시에 사라질 위기에 처한 해녀 공동체 보존 방안과 해녀문화 보전을 위한 대책 마련이며, 동시에 제주인의 정체성을 새롭게 설정하면서 자긍심을 키우는 일이기도 한 것이기 때문이다.

　제주 해녀문화 중 현대에 와서 가장 중요한 것으로는 전통적으로 내려온 제주 해녀 공동체가 존속하고 있다는 점이다. 아울러 과거 제주 해녀들이 지녔던 배려를 통한 '인정 사회' 현장과 계층 간의 상호 '질서 회복'에 대한 사례를 부각시킬 필요가 있다. 구체적 실천 사례로 '할망바당'과 같은 것을 들 수 있는데, 곧 수심이 얕은 바다의 일정 공간을 별도로 지정해서 노약자 해녀를 배려한 것이다. 아울러 공공사업을 위한 자금 마련을 위해 해녀들의 일정량의 수익금을 공동기금으로 추렴했던 관행에서도 그 미담 사례를 찾을 수 있다.

　따라서 〈잠수회(해녀회)〉는 수익금을 공동 기금으로 삼아 사업에 투자하고 사회에 헌신하는 상호 부조 활동들과 자원 관리, 바다 어장 관리(일명 '개딱이')의 지속적인 공동 노력이 필요하다.

　그런데 현재 도내 각 마을 어장별로 운행 관리 및 이용 규약의 실천에 있어 원시 관습법을 존중하고 해산물 채취 자격과 방법, 기간과 종류, 금채 기간에 대한 것들을 체계적으로 정리해 놓고 있기도 하다. 예컨대, 공동 어장인 바다 어장 이용과 관련한 관습법인 마라

해녀축제 당시 흰 물적삼을 입고 유영하는 해녀들

도 향약·가파리 어촌계 규약·하도리 서동 규약·사계리 잠수회 정관·우도의 하우목동 규약·온평리 협동 양식 어장 관리 규약 등의 사례가 그것이다. 또한 입어권과 더불어 어촌계의 하부 조직을 이끌어 가던 습속은 해녀 공동체 보존의 기반이자 바탕이기도 하다.

　해녀문화의 공간으로서 불턱은 해녀들 간의 정보 소통의 장소이자 상호 간의 협조를 재확인하고 의사 결정이 이루어지던 공간이다. 이는 곧 물질에 대한 지식이나 요령 혹은 바다밭의 위치 파악 등 물질 작업에 대한 기술을 전수하고 습득하던 교육 장소로서 의미를 지닌 해녀 공동체의 상징이다. 그나마 잘 보존된 사례로 구좌읍 하도리 '서동', 신양리와 고성리의 'ᄌᆞ진여·오등애·방앳개·머릿개·솜밧 알' 불턱, 신풍리의 '먹돌케', 우도 '천진동' 불턱 등을 꼽을 수 있다.

또 여성으로서 맨몸으로 바다 물속에 들어가 일하는 잠수 기술과 경험으로 축적된 민속 지식은 오랜 경험의 소산이다. 이를 보전하기 위해서는 바다에 대한 지식과 작업 기술이 뛰어난 상군 해녀를 기술 보유자로 선정, 후세를 가르치며 대를 이어가도록 해야 한다.

'제주 해녀의 물옷과 물질 작업 도구' 또한 중요한 유산이다. 이는 실제 현장에서 벌어지는 실물로의 구현이긴 하지만, 그 제작 과정과 방법 또는 합리성·경제성·효율성 등의 가치를 찾고, 옷과 도구를 제작할 수 있는 기능이 있는 보유자를 선정하여 도제식의 전수 체계를 마련할 필요가 있다.

해녀문화유산 중 〈해녀노래〉는 해녀 공동체의 정서가 잘 표출되어 있는데, 제주특별자치도 무형문화재 제1호인 〈해녀노래〉와 〈출가해녀노래〉·〈해녀항일가〉·〈해녀놀이요〉 등 해녀와 관련된 전승 민요의 보전 노력이 필요하다.

또한 무속 의례가 행해지는 공간인 해신당과 요왕맞이, 지들임 등의 무속 의례 행위도 중요하다. 현재 도내에서 실제로 의례가 행해지고 있는 곳으로는 구좌읍 종달리 해신당, 하도리 각시당, 마라도 아기업개당, 귀덕리 본향당, 신흥리 본향당 등을 꼽을 수 있다. 해신당의 공간뿐만 아니라 무속 의례(굿)의 보존도 각별하다. 예컨대 김녕리 잠수굿, 고성·신양 용올림굿, 사계리 잠수굿, 조천읍 북촌리 영등굿 등은 대표적인 무속 의례로 선별된다.

해녀무형유산의 문화 전통과 공동체 정신을 되살리기 위한 노력과 병행해서 바다 어장의 생태 환경 보존 정책 또한 우선되어야 한다.

각주

1) 「해녀노래 보유자 해녀 안도인의 생애사」, 『제주 해녀와 일본의 아마』, 민속원, pp. 445~490에서 인용, 일부 재구성함.

2) 田辺悟(다나베사토루)著, 『日本아마 傳統의 研究』, 法政大學出版局, 1990

3) David W. Plath, 『Fit Surrounding : Lessons From the Ama.(환경에 대한 적응: 일본 해녀(아마)의 경우)』, 세계잠녀학술회의, p.161

4) 採藿之女謂之潛女自二月以後至五月以前入海採藿其採藿之時則所謂潛女

5) 進上搥引鰒專責於採鰒潛女九十名而老病居多不能支堪採藿潛女多至八百游潛水中深入採藿無異採鰒女而稱以不習抵死謀避

6) 按撫濟州民病所貢鰒魚亦三年不食鰒

7) 趙觀彬, 『悔軒集』(卷三)(影印本), pp. 27~28

8) 父母者生女則必曰是善孝我者生男則皆曰此物非我兒乃鯨鼉之食也云

9) 우도면 출신 고이화의 증언

10) 손오규, "山水文學에서의 自然합일", 『백록어문』12집, 백록어문학회, 1996

11) 김영돈, 『한국의해녀』, 민속원, 2002, p.312

12) 李源祚, 『耽羅誌草本』(影印本, 濟州大學校出版部, 1989, p.174

13) 摹瑟里有一潛女未經痘者也往金露浦見玳瑁在洞水中憐之放諸海水悠然而逝如有拜謝之狀後採鰒於龍頭巖下入水則見貝闕照耀琪花爛燈中有一老嫗迎謝曰君活我子感恩無地遂折一枝花贈之曰持此可免痘出水視之乃珊瑚花也至老死果驗

14) 시바료타료 저·박이엽 역,『탐라기행』학고재, 1998, pp.270~271 참조

15) 李健(金泰能 譯),「濟州風土記」,『耽羅文獻集』, 제주도교육위원회, 1976, pp.192~201 참조

16) 李增(金益洙 譯),『南槎日錄』, 濟州文化院, 2001, pp.41~51, 원문 pp.46~63

17) 死於前則必死於後故境中男墳最少閭閻之間女多三倍於男爲父母者生 女則曰是善孝我者生男則皆曰此物非我兒乃鯨鼈之食

18) 李益泰(金益洙 譯),『지영록(知瀛錄)』, 제주문화원, 1997, pp.85~86, 원 문 pp.122~123

19) 又言："所謂漁戶兼行船格妻, 稱潛女, 一年納官者, 浦作不下二十疋, 潛女亦至七八疋, 一家內夫婦所納, 幾至三十餘疋, 而搥鰒, 各種烏賊魚, 粉藿等役, 皆自此出營, 本官將士支供及公私酬應, 又在此數之外, 若不別 樣變通, 此類之得支數年難矣. 請得本道會錄常平廳耗田米三百石, 以爲 貿納之地. -『朝鮮王朝實錄』肅宗 二十八年 壬午 / 康熙 四十一年 七月 十二日 辛酉 -

20) 李衡祥,『탐라순력도(耽羅巡歷圖)』, 제주시 소장본, 1994, p.95

21) 桝田一二,「濟州島海女」,『桝田一二地理學論文集』, 東京:弘詢社 1976, p.81

22) 桝田一二, 앞의 책, pp.82~83

23) 김영돈,『한국의 해녀』, 민속원, 1999, pp.417~421

24) 해녀박물관, '해녀 항일'에 관한 자료 참고

25) 고하라유키나리, 「남녀 나잠업자 분포에 대한 생태학적 고찰」, 『해양 문명사에서의 잠녀의 가치와 문화적 계승』, 2002, p.76

26) 지도는 해녀박물관 , 『제주 해녀의 생업과 문화』, 2009 자료 이용

27) 이 노를 젓고

28) 진도 바다

29) 한 골

30) 세 개의 돛을 달고

31) 놀음

32) 붓대나 잡고

33) 빠르기도 빠르다

34) 참매

35) 나는 듯이

36) 하라지리히데키, 「일본 식민주의와 제주인들의 성에 따른 역할 변화」, 『해양문명사에서의 잠녀의 가치와 문화적 계승』, 2002, pp.110~111

참고 문헌

『三國史記』

『高麗史』

『朝鮮王朝實錄』

金尙憲, 「南槎錄」(影印本), 『濟州史資料叢書(Ⅰ)』, 제주도, 1998

金春澤, 『北軒居士集』, 1710

申光洙, 『石北集』, 1765

李源祚, 『耽羅誌草本』(影印本), 濟州大學校出版部, 1989

李源祚, 『耽羅錄』(影印本), 濟州大學校出版部, 1989

李健, 「濟州風土記」, 1629

李衡祥, 『耽羅巡歷圖』, 1702

李衡祥, 『南宦博物』(筆寫影印本), 韓國精神文化研究院, 1994

李衡祥, 『瓶窩全集』, 1702

李學逵, 『洛下生集』(影印本), 1819

魏伯珪, 『存齋全書』, 1791

正祖, 『弘齋全書』권168, 1799

趙貞喆, 『靜軒瀛海處坎錄』(影印本), 서울(中央圖書館所藏本)

趙觀彬, 『悔軒集 』(影印本), 1731

강대원, 「해녀 연구」개정판, 1973

강소전, 『제주도 잠수굿 연구』, 제주대학교 대학원, 2005

김영돈, 『제주도민요 연구(上)』, 일조각, 1965

김영돈, 『한국의 해녀』, 민속원, 1999

민요학회, 제주특별자치도 무형문화재 제1호 〈해녀노래〉의 가치와 전승 보전 방안, 제주특별자치도, 2009

세계섬학회, 해녀국제학술심포지엄,『해양문명사에서의 잠녀의 가치와 문화적 계승』, 제주특별자치도, 2002

세계섬학회, 해녀박물관 제1회 국제학술심포지엄,『제주 해녀: 항일운동·문화유산·해양문명』, 제주특별자치도, 2006

이성훈,「해녀의 삶과 그 노래」, 민속원, 2005

제주도부락지 2,「연평리 조사보고서」, 세주대 탐라문화연구소

제주학회, 해녀박물관 제2회 국제학술심포지엄,『제주 해녀의 지속 가능한 발전과 보존 방향』, 제주특별자치도, 2007

제주학회, 해녀박물관 제3회 국제학술심포지엄,『한·일 해녀의 생업과 문화유산』, 제주특별자치도, 2008

조규익 외,『제주도 해녀 노젓는 소리의 본토 전승 양상에 관한 조사 연구』, 민속원, 2005

좌혜경 외,『제주 해녀와 일본의 아마』, 민속원, 2006

좌혜경,『한국·제주·오끼나와 민요와 민속론』, 푸른사상, 2000

하도 향토지발간위원회,『하도리지』, 2006

해녀박물관,『바당의 어멍-제주 해녀』, 제주콤, 2007

해녀박물관,『제주 해녀의 생업과 문화』, 하나 CNC, 2009

빛깔있는 책들 101-38

제주 해녀

글 | 좌혜경
사진 | 서재철

초판 1쇄 인쇄 | 2015년 8월 14일
초판 1쇄 발행 | 2015년 8월 25일

발행인 | 김남석
발행처 | ㈜대원사
주　소 | 135-945 서울시 강남구 양재대로 55길 37, 302
전　화 | (02)757-6711, 6717~9
팩시밀리 | (02)775-8043
등록번호 | 제3-191호
홈페이지 | http://www.daewonsa.co.kr

값 9,800원

ⓒ 좌혜경·서재철, 2015

Daewonsa Publishing Co., Ltd
Printed in Korea 2015

ISBN | 978-89-369-0282-7
　　　 978-89-369-0000-7 (세트)

이 책의 국립중앙도서관 출판시 도서목록(CIP)은 e-CIP홈페이지(http://www.nl.go.kr/ecip)에서
이용하실 수 있습니다. (CIP제어번호 : 2015012046)

빛깔있는 책들